그리스도교 신앙 원천 Fontes Fidei Christianae 02

CLEMENS ALEXANDRINUS
QUIS DIVES SALVETUR

Translated with notes by SUNG-SOO HA
Korean translation copyright © 2018 by Benedict Press, Waegwan, Korea.

그리스도교 신앙 원천 2
어떤 부자가 구원받는가?

2017년 12월 15일 교회 인가
2018년 1월 25일 초판 1쇄

지은이	알렉산드리아의 클레멘스
역주자	하성수
펴낸이	박현동
펴낸곳	성 베네딕도회 왜관수도원 ⓒ 분도출판사
찍은곳	분도인쇄소
등록	1962년 5월 7일 라15호
주소	04606 서울시 중구 장충단로 188 분도빌딩 102호(분도출판사)
	39889 경북 칠곡군 왜관읍 관문로 61(분도인쇄소)
전화	02-2266-3605(분도출판사) · 054-970-2400(분도인쇄소)
팩스	02-2271-3605(분도출판사) · 054-971-0179(분도인쇄소))
홈페이지	www.bundobook.co.kr

ISBN 978-89-419-1803-5   03230
ISBN 978-89-419-1850-9   (세트)

저작권법에 의해 보호를 받는 저작물이므로 무단 전재와 무단 복제를 금합니다.

알렉산드리아의 클레멘스

어떤 부자가 구원받는가?

한국교부학연구회
하성수 역주

분도출판사

일러두기

1. 성경 인용은 원칙적으로 『성경』(한국천주교주교회의 2005)을 기준으로 삼았으나, 교부들이 인용한 성경 본문이 『성경』과 차이가 있을 때에는 그리스어나 라틴어 원문을 직역하였다.

2. 성경 본문에 나오는 지명 '유다'는 로마제국의 지방명일 경우 '유대아'로, '유다인'은 '유대인'으로, '유다교'는 '유대교'로 표기했다. 교부 시대의 인명과 지명은 『교부학 인명·지명 용례집』(분도출판사 2008)을 따랐다.

3. 작품명은 『교부 문헌 용례집』(수원가톨릭대학교출판부 2014)을 따랐다.

'그리스도교 신앙 원천'을 내면서

"오래고도 새로운 아름다움!" Pulchritudo antiqua et nova!
교회의 스승인 교부敎父들은 성경과 맞닿은 언어와 문화로 주님의 삶과 가르침을 생생하게 느끼며 살았던 신앙의 오랜 증인들이다. 모진 박해와 세상 거짓에 맞서 기꺼이 자신을 불사르며 복음의 진리와 거룩한 삶의 가치를 지켜 낸 성인들이며, 하느님 백성을 섬기고 돌보는 일을 천직으로 여겼던 목자들이다. 교부 문헌이 탄생한 자리는 책상머리가 아니라, 기쁨과 희망, 슬픔과 고뇌로 누벼진 민중의 애달픈 삶의 현장이었다. 그래서 교부들의 많은 가르침은 단순하면서도 감동적이고, 힘이 있으면서도 따뜻하다. 특히 사회 교리나 교회 생활에 관한 탁월한 가르침은 현대 교회에도 끊임없이 새로운 영감을 불어넣어 주는 마르지 않는 샘이다.

"집어서 읽어라!" Tolle lege!

가장 위대한 교부라고 일컬어지는 아우구스티누스는 바오로 서간을 집어서 읽으면서 진리에 눈을 떴고 마침내 회심했다. 다양한 교부 이름과 책 제목들만 빽빽한 각주로 달려 있는 두터운 신학 논문집보다 짤막한 교부 문헌 한 편이 신학 연구와 영성생활에 훨씬 더 유익할 수 있다. 신학의 진정성과 보편성은 원전을 집어서 읽는 데서 비롯하기 때문이다.

고맙게도 분도출판사는 1987년부터 대역본 교부 문헌 총서를 펴내고 있다. 라틴어·그리스어 본문을 우리말 번역과 나란히 싣고 상세한 해제와 주석을 단 혁신적 출판 기획은 우리나라 서양 고전 번역의 새로운 지평을 열었다. 세계적 권위를 지닌 프랑스의 '수르스 크레티엔느'Sources Chrétiennes, 독일의 '폰테스 크리스티아니'Fontes Christiani, 이탈리아의 '누오바 비블리오테카'Nuova Biblioteca 등에 당장 비길 바는 아니겠으나, 교부학 불모지였던 우리나라의 철학과 신학, 인문학과 영성 분야에서 일구어 낸 성과와 공헌이 적지 않다.

그러나 고전어를 직접 번역하고 해제와 주석을 다는 일은 고달프고 더딘 여정일뿐더러, 한정된 전문가들에게 기댈 수밖에 없다는 것이 한국교부학연구회와 분도출판사의 공통된 고민이다. 기존 교부 문헌 총서의 원전 번역을 꾸준히 이어 가면서도 신자들의 삶과 영성에 꼭 필요한 짧고 감동적인 교부 문헌들을 줄기차게 소개하는 일을 병행할 수는 없을까? 대중판 교부 문헌 총서인 '그리스도교 신앙 원천'이 바로 그 해답이요 대안이라고 확신한다.

"원천으로 돌아가자!" Ad fontes!
라틴어나 그리스어 등에서 직접 번역하는 원전 대역은 아닐지라도, 현대어(영어, 프랑스어, 독일어, 이탈리아어, 스페인어 등)로 충실하게 번역된 교부 문헌들 가운데 한국 현실에 꼭 필요한 책 50권을 우선 골라 해마다 다섯 권씩 펴내기로 했다. 신앙과 삶을 일치시켜 줄 수 있는 실천적 주제들(예컨대 '기도와 선행', '부와 가난', '재화의 보편적 목적과 분배 정의', '참회와 자선', '교부들의 생애' 등)을 발굴하고 엄선하기 위해 여러 차례에 걸쳐 간행위원들의 지혜를 모아 냈다. 권위 있는 현대어 번역본을 아름답고 적확한 우리말로 옮겨 낼 빼어난 전문 번역가들의 연대 덕분에 가능했던 기획임을 고백한다. 누구에게나 널리 읽힐 수 있는 '대중판'Vulgata이라는 대전제를 늘 기억하면서 간결하고 명쾌한 우리말 표현을 애써 찾으며 군더더기 해설을 절제할 것이다.

'그리스도교 신앙 원천'은 한국교부학연구회가 분도출판사와 손잡고 추진해 온 '교부들의 성경 주해'(전 29권) 번역 출간의 후속 작업이다. 교부 문헌은 가톨릭과 정교회와 개신교가 함께 보존하고 가꾸어야 할 그리스도교 공동 유산이기에, 원천으로 돌아가기 위한 이 노력들이 영적 일치운동에 꾸준히 이바지하리라 믿는다.

"교회는 늘 새로워져야 한다!"Ecclesia semper reformanda est! 이제 우리는 끝이 보이지 않는 새로운 여정에 첫발을 내딛는다. 끝이 보이지 않아 행복하다. 지난 수십 년 동안 이 땅에 교부들의 씨앗을 묵묵히 뿌려 온 선배들이 그러했듯, 우리도 힘닿는 만큼 교부 문헌을 살뜰히 옮기다 떠나갈 것이다. 밭에 묻혀 있는 보물과도 같은 교부 문헌을 정성스레 캐내어 생명력을 불어넣는 이 가슴 벅찬 일이 끝없이 이어지기를 바라는 마음 간절하다. '그리스도교 신앙 원천'이 책꽂

이에 차곡차곡 꽂혀 갈수록 우리 교회는 더 젊어지고 더 새로워질 것이다. 교부 문헌은 교회 쇄신의 물줄기를 끊임없이 제공하는 그리스도교 신앙의 살아 있는 원천이기 때문이다.

2018년 1월 25일

한국교부학연구회 회장 장인산

차례

'그리스도교 신앙 원천'을 내면서 ___ 5

어떤 부자가 구원받는가? ___ 13

해제 ___ 89
1. 알렉산드리아의 클레멘스의 생애 ___ 91
2. 초기 그리스도교의 부와 가난 이해 ___ 97
3. 『어떤 부자가 구원받는가?』 개요 ___ 102
   3.1. 구원에 대한 부자들의 오해와 그 해결책 ___ 102
   3.2. 그리스도교 가르침의 원칙 ___ 105
   3.3. 스토아학파 사고방식과의 유사점과 차이점 ___ 109
   3.4. 구원에 이르는 길인 사랑 ___ 113
   3.5. 보답 사상 ___ 116
   3.6. 평가 ___ 119

주 ___ 121
교부 문헌 목록 ___ 133
주제어 색인 ___ 135
성경 색인 ___ 138

Clemens Alexandrinus
Quis dives salvetur

알렉산드리아의 클레멘스
어떤 부자가 구원받는가?[1]

1.1.[2] 제 견해로는, 부자들에게 찬양 연설을 [뇌물 성격의] 선물로 바치는 이들은 당연히 아첨꾼이자 비굴한 근성을 지닌 사람일 뿐 아니라, 불경하고 교활한 사람이라 할 수 있습니다. 그들은 상당한 보상을 받으리라는 기대에서, 부자들이 호의적인 행위를 실제로 하지 않았는데 한 것처럼 떠벌리기 때문입니다. 2. 그들을 불경하다고 하는 이유는, 홀로 완전하시고(마태 5,48 참조) 선하신(참조: 마태 19,17; 마르 10,18; 루카 18,19) 하느님 — "만물은 그분에게서 나와, 그분을 통하여 그분을 향하여 나아갑니다"(로마 11,36) — 을 찬미하고 찬양하는 데 게으르면서, 향락에 빠져 부정한 삶을 사는, 한마디로 말해 하느님의 심판 아래 있는 인간들에게 하느님께 걸맞은 영예를 표하기 때문입니다. 3. 그들을 교활하다고 하는 이유는, 부란 남아돌 만큼 있으면 그 자체만으로도 그 주인의 영혼을 우쭐대게 하고 타락시키며, 구원에 이를 수 있는 길을 등지게 하는 법인데, 거기에다 지나친 칭찬이 주는 희열로 부자들을 부추기기까지 함으로써 그들의 정신을 미혹하고, 그들이 경탄하는 부를 제외하고는 세상에 있는 모든 것을 거리낌 없이 업신여기게 만들기 때문입니다. '불에 불을 보탠다'는 속담처럼,[3] 그들은 교만에 교만을 쌓아 올리며, 이

미 그 자체로 무거운 부에 더 무거운 짐인 거만이라는 짐을 쌓습니다. 오히려 그들은 그 짐을 위험하고 치명적인 병으로 여기고 줄여 없애야 옳았습니다. 자기 자신을 높이며 뻐기는 사람은, 하느님의 말씀이 가르치듯이 (참조: 마태 23,12; 루카 14,11; 18,14), 운명이 완전히 뒤바뀔 수 있는 위험, 곧 낮은 신분으로 굴러떨어질 수 있는 위험에 처해 있기 때문입니다. 4. 비굴하게 부자들의 비위를 맞추고 그들에게 해가 될 찬양을 바치는 것보다는 가능한 모든 방법으로 그들을 구원으로 이끌려고 애쓰는 것이 제게는 훨씬 더 애정 깊은 행위로 생각됩니다. 이는 더러는 당신 자녀들에게 그러한 선물들을 틀림없이 그리고 기꺼이 베푸시는 하느님께 우리가 구원을 간절히 청할 때 일어납니다. 더러는 우리가 구원자의 은총을 통해 우리의 말로 그들의 영혼을 치유하고 그들을 깨우치며 진리를 소유하도록 이끌 때 일어납니다. 이 진리에 이르고 선행들로 두드러진 사람만 영원한 생명이라는 승리의 상(필리 3,14 참조)을 획득할 것입니다. 5. 한편으로 삶의 마지막 날까지 강건하고 끈기 있게 머무르는 영혼은 기도가 필요합니다. 다른 한편으로 그리스도인 시민은 구원자의 모든 계명을 실행하려 애쓰는 선하고 굳건한 성향을 필요로 합니다.

2.1. 부자들이 빈궁한 사람들보다 구원에 이르는 것이 더 어려운 이유는 단순하기보다 복잡한 것 같습니다. 2. 어떤 이들은 "부자가 하느님 나라에 들어가는 것보다 낙타가 바늘귀로 빠져나가는 것이 더 쉽다"(마르 10,25; 마태 19,24; 루카 18,25)는 주님의 말씀을 맥락을 고려하지 않고 되는대로 듣고는, (영원한) 생명을 얻을 수 없다는 사실이 이미 정해졌다고 느끼고 스스로 절망합니다.[4] 그런 까닭에 현세에서 모든 면에 순응하며, 자신에게는 현세의 삶만 남아 있다는 확신에서 이 삶에 전적으로 집착합니다. 따라서 그들은 구원에 이르는 길에서 더욱더 벗어납니다. 주님이며 스승이신 분께서 말씀하신 부자들이 누구인지 더 이상 물어보려고 하지도 않고, 사람들에게 불가능한 것이 어떤 방식으로 가능하게 되는지(마르 10,27 참조) 물어보려고 하지도 않기 때문입니다. 3. 또 다른 이들은 (주님의) 말씀을 옳고 바르게 이해하지만, 구원으로 이끄는 행위들을 소홀히 하기 때문에 바라는 목적을 달성하는 데 필요한 준비를 제대로 하지 않습니다. 4. 지금 나는 구원자의 권능과 그분 안에서 드러나는 구원을 알게 된 부자들에 관하여 말하고 있습니다. 아직 진리를 전해 받지 못한 이들은 제 관심 밖에 있습니다.

3.1. 따라서 진리에 대한 사랑과 형제들에 대한 사랑으로 가득 찬 이들, 구원으로 부르심 받은(1코린 1,24) 부자들에게 오만하게 행동하지도 않으며 개인적 이욕利慾 때문에 부자들에게 굽실거리지도 않는 이들은 맨 먼저 성경 말씀으로[5] 부자들을 근거 없는 절망에서 벗어나게 해야 합니다. 또한 주님의 말씀들을 제대로 설명함으로써, 부자들이 계명들을 지키면 하늘 나라를 상속받을 가망이 그들에게서 완전히 사라지지 않았다는 점을 알려 주어야 합니다. 2. 그리하여 부자들이 자신들이 느끼는 두려움엔 근거가 없다는 사실을, 그리고 그들이 원한다면 구원자께서 그들을 기꺼이 받아들이신다는 사실을 깨닫고 나면, 어떤 방식으로, 어떤 종류의 행위들과 결심을 통해, 그들이 희망하는 것을 누릴 수 있는지를 ─ 그 희망은 그들이 이를 수 없는 곳에 있지는 않지만 확고한 목적 없이는 얻을 수 없는 것이기 때문에 ─ 더 상세히 보여 주고 가르쳐야 합니다. 3. 오히려 이 세상의 부자들은 ─ 썩어 없어지는 보잘것없는 것과 썩지 않는 위대한 것을 비교하기 위해 ─ 자신을 경기자[6]라고 생각해 볼 필요가 있습니다. 4. 경기자들 가운데 승리하여 월계관을 차지할 수 있다는 희망을 포기한 사람은 절대로 시합에 나가려고 등록

해서는 안 됩니다. 그런가 하면, 승리에 대한 희망을 마음에 품고 있지만, 힘든 훈련과 연습, 올바른 생활 방식을 감수하지 않는 사람은 기대한 목표에 이르지 못하고 월계관도 얻지 못합니다. 5. 마찬가지로, 이 세속적인 재물을 소유한 사람도 구원자께서 주시는 승리의 상에서 자신이 처음부터 배제되었다고 말해서는 안 됩니다. 적어도 그가 신실하고 인간들에 대한 하느님 사랑의 숭고함을 안다면 말입니다. 다른 한편으로, 연습도 하지 않고 시합에 참여하지 않은 채로 있다면 그는 (시합장의) 먼지와 땀 없이 썩지 않는 화관(1코린 9,25 참조)을 얻으리라고 희망해서도 안 됩니다. 6. 오히려 그는 스스로 시합에서 훈련자[7]인 친구 로고스와 심판자인 그리스도께 기꺼이 복종해야 합니다. 그를 위해 정해진 음식과 음료는 주님의 새 계약(1코린 11,25 참조)이며, 그의 연습들은 계명들[8]입니다. 그의 뛰어난 태도와 장식은 사랑과 믿음, 희망(1코린 13,13 참조), 진리의 인식, 선, 온유, 자비, 진지함이라는 훌륭한 덕입니다. 그렇게 한다면 마지막 나팔 소리가 달릴 길과 이승 삶의 끝, 말하자면 인생행로에서 작별을 알릴 때, 그는 승리자로 양심에 거리낌 없이 심판자 앞에 설 수 있으며, 승리의 화관을 쓰고서, 천사인 전령이 외치는 큰 소리

와 함께 지금 올라가는, 하늘에 있는 아버지 나라에 걸맞다고 인정받을 수 있습니다.[9]

4.1. 이제 (본격적인) 설명을 시작할 터인데, 우선은 희망 자체와 관련하여, 그리고 그다음에는 희망에 이를 수 있는 방법과 관련하여, 우리 형제들에게 참되고 알맞으며 유익한 생각을 전달할 수 있도록 구원자께서 우리를 도와주시기를 바랍니다. 2. 그분께서는 부자들에 관한 같은 말씀을 다시 한 번 주목하게 하시어 그들 자신이 확실한 해석자이자 설명가라는 사실이 드러나도록, 궁핍한 이들에게는 거저 주시고 당신께 묻는 이들은 가르치시며, 그들의 무지를 없애시고 절망을 몰아내십니다. 3. 복음서에서 지금까지 우리를 불편하게 한 주님의 말씀들을 다시 듣는 것만큼 좋은 일은 없으니, 우리는 우리의 어리석음 때문에 이 말씀들을 정확하게 숙고하지 않고 잘못 이해했기 때문입니다. 4.[10] "그분(예수님)께서 길을 떠나시는데 어떤 사람이 달려와 그분 앞에 무릎을 꿇고 '선하신 스승님, 제가 영원한 생명을 받으려면 무엇을 해야 합니까?' 하고 물었다. 5. 그러자 예수님께서 그에게 이르셨다. '어찌하여 나를 선하다고 하느냐? 하느님 한 분

외에는 아무도 선하지 않다. 너는 계명들을 알고 있지 않느냐? ′간음해서는 안 된다. 살인해서는 안 된다. 도둑질해서는 안 된다. 거짓 증언을 해서는 안 된다. 아버지와 어머니를 공경하여라.″ 6. 그가 예수님께 '스승님, 그런 것들은 제가 [어려서부터][11] 다 지켜 왔습니다' 하고 대답하였다. 예수님께서는 그를 사랑스럽게 바라보시며 이르셨다. '너에게 부족한 것이 하나 있다. 네가 완전한 사람이 되려거든, 가진 것을 팔아 가난한 이들에게 주어라. 그러면 네가 하늘에서 보물을 차지하게 될 것이다. 그리고 와서 나를 따라라.' 7. 그러나 그는 이 말씀 때문에 울상이 되어 슬퍼하며 떠나갔다. 그가 많은 재물과 토지를 가지고 있었기 때문이다. 8. 예수님께서 주위를 둘러보시며 제자들에게 말씀하셨다. '재물을 가진 자들이 하느님 나라에 들어가기는 참으로 어렵다!' 제자들은 그분의 말씀에 놀랐다. 9. 그러나 예수님께서는 그들에게 거듭 말씀하셨다. '얘들아, 재물을 신뢰하는 이들이 하느님 나라에 들어가기는 참으로 어렵다! 부자가 하느님 나라에 들어가는 것보다 낙타가 바늘귀로 빠져나가는 것이 더 쉽다.' 그러자 제자들이 더욱 놀라서, '그러면 누가 구원받을 수 있는가?' 하고 서로 말하였다. 예수님께서는 그들을 바라

어떤 부자가 구원받는가?

보며 이르셨다. '사람에게는 불가능한 것이 하느님께는 가능하다.' 10. 그때에 베드로가 나서서 예수님께 말하였다. '보시다시피 저희는 모든 것을 버리고 스승님을 따랐습니다.' 예수님께서 말씀하셨다. '내가 진실로 너희에게 말한다. 누구든지 나 때문에, 또 복음 때문에 집이나 부모, 형제나 자매, 재물을 버린 사람은 백 배로 받을 것이다. 우리가 박해를 받는 현세에서 토지와 재물과 집과 형제와 자매를 지녀서 무슨 유익이 있겠느냐? 그러나 내세의 생명은 영원하다. 그런데 첫째가 꼴찌 되고 꼴찌가 첫째가 될 것이다'"(마르 10,17-31).**12**

5.1. 이 내용은 마르코 복음서에 기록되어 있습니다. 그리고 공인된**13** 다른 모든 복음서들에도 여기저기 표현이 조금 다르긴 하지만 전체적으로 같은 의미를 담은 이야기가 나옵니다. 2. 구원자께서는 당신 백성에게 인간적인 방식으로만 가르치시는 일이 없고 모든 것을 늘 신적이고 신비적인 지혜로 가르치신다는 것을 우리는 정확히 알고 있습니다. 따라서 그분의 말씀들을 육적인 방식**14**으로 이해하지 말고 면밀히 탐구하고 이해하면서 그 숨겨진 의미를 찾아내야 합니

다. 3. 주님께서 제자들에게 매우 분명하게 말씀하신 것 같이 보이는 말씀들도, 암시적으로 하신 불분명한 말씀들 못지않게, 더 많은 주의를 기울일 필요가 있습니다. 그 말씀들 안에 놀랄 만큼 엄청난 지혜가 담겨 있기 때문입니다. 4. 그분께서 가장 가까운 제자들, 곧 당신께서 하늘 나라의 자녀들(마태 13,38 참조)이라 부르신 이들에게 충분히 설명하셨다고 생각되는 말씀들도 더 깊이 숙고할 필요가 있습니다. 그렇다면 단순한 형식으로 말씀하신 까닭에 청중이 질문하지도 않지만 완전한 최종 목표, 곧 우리의 구원에 중요하며, 경탄스럽고 초천상적인 심오한 사상 안에 감추어진 이 말씀들을 경솔하게 받아들여서는 안 됨은 물론입니다. 오히려 우리는 구원자의 영과 그분이 뜻하신 신비한 의미에 이르고자 정신의 노력을 기울여야 합니다.

6.1. 우리 주님이신 구원자께서는 당신께 더없이 어울리는 질문을 받는 것을 기뻐하십니다. 생명께서 생명에 관해, 구원자께서 구원에 관해, 스승께서 당신께서 가르치신 주된 가르침에 관해, 진리께서 참된 불사에 관해, 말씀께서 아버지의 말씀에 관해, 완전하신 분께서 완전한 안식에 관해, 불

멸하시는 분께서 확실한 불멸에 관해 질문을 받으십니다. 2. 그분께서는 당신께서 세상에 내려오신 이유, 당신께서 훈련시키시는 것, 가르치시는 것, 아낌없이 주시는 것에 관해 질문을 받으십니다. 이는 그분께서 영원한 생명의 선물인 복음의 목적을 드러내시려는 것입니다. 3. 하느님이신 그분께서는 어떤 질문을 받을지도 어떤 답변을 할지도 미리 아십니다. 예언자들의 예언자, 예언하는 모든 영의 주님보다 이를 더 잘 알 이가 누가 있습니까? 4. 그분께서는 선하시다고 불리자 바로 이 낱말을 화제의 실마리이자 당신 가르침의 출발점으로 삼으시어, (그) 제자의 주의를 선하신 하느님 그리고 무엇보다 성자께서 성부에게서 받으신 다음에(참조: 요한 5,26; 17,2) 우리에게 주신 영원한 생명의 유일한 관리인[15]이신 분께로 돌려놓습니다.

7.1. 따라서 우리는 영원한 생명으로 이끄는 가르침들 가운데 가장 위대하고 중요한 가르침을 처음부터 바로 영혼에 새겨 두어야 합니다. 이 가르침은 영원하신 하느님께서 영원한 선물을 주시는 분이자 첫째이며 지극히 높고 한 분이며 선한 하느님이심을 아는 것입니다(요한 17,3 참조). 우리는

인식과 이해를 통해 하느님을 소유할 수 있습니다. 2. 이는 확고하고 흔들리지 않는[16] 시작이자 [영원한] 생명의 토대입니다. 또한 참으로 존재하시는 하느님, 존재하는 것들, 곧 영원한 것들을 기꺼이 주시는 하느님을 아는 것입니다. 다른 모든 것들은 그분으로 말미암아 존재하고 존속합니다. 3. 하느님을 알지 못하는 것은 죽음입니다. 반면 그분을 알고 그분을 소유하며, 그분을 사랑하고 그분과 비슷하게 되는 것[17]은 생명뿐입니다.

8.1. 따라서 참생명(1티모 6,19 참조)에 따라 사는 것을 목표 삼은 이는 "아들 외에는 아무도 알지 못하며 아들이 드러내 보여 주는"(마태 11,27 참조) 분부터 알아야 한다는 권고를 받습니다. 그리고 나서 하느님 다음가는 구원자의 위대함과 그분 은총의 새로움을 이해하라는 권고를 받습니다. 사도에 따르면 "율법은 모세를 통하여 주어졌지만 은총과 진리는 예수 그리스도를 통하여 왔기"(요한 1,17) 때문입니다. 충실한 종을 통해 주어진 선물들은 참된 아들을 통해 주어진 선물들에는 비할 수 없기 때문입니다(히브 3,5-6 참조). 2. 아무튼 모세의 율법이 영원한 생명을 줄 수 있었다면, 구원자께서 몸소 우리

에게 오시어 태어남에서부터 십자가[18]에 이르기까지 인간의 전 행로를 달리시면서 우리를 위하여 고난을 겪으신 것(필리 2,8 참조)은 헛일일 것이었습니다(갈라 2,21 참조). 또한 "어려서부터"(마르 10,20) (모세) 율법의 모든 계명을 지킨 부자 청년이 무릎을 꿇고 다른 사람에게 영원한 생명을 청할 일도 없었을 것입니다. 3. 그는 율법을 모두 실행하였을 뿐 아니라 아주 어려서부터 율법을 정확히 지키기 시작했습니다. 나이가 많은 사람이 혈기 왕성한 정욕이나 격렬한 분노 또는 탐욕에서 비롯하는 죄악들에서 벗어난 것이 뭐 그리 대단하고 훌륭합니까? 하지만 혈기 왕성한 한창 나이의 사람이 자기 또래보다 사려 깊은 성숙함을 보여 준다면, 그는 뛰어나고 걸출한 전사이며 판단하는 데에서는 노인입니다.[19] 4. 그럼에도 문제의 이 젊은이는 자신이 의로움에 있어서는 아무것도 부족하지 않지만, 생명에 있어서는 전적으로 부족하다고 확신하고 있습니다. 그래서 그는 생명을 주실 수 있는 유일한 분에게 생명을 청합니다. 율법에 관해서는 확신에 차 말하지만 하느님의 아들에게는 겸손하게 간청합니다. 5. 그는 "믿음에서 믿음으로"(로마 1,17) 건너갑니다. 율법의 영역에서 그가 탄 인생의 배는 위태롭게 흔들리다가 구원자께 안전하게 닻을 내립니다.

9.1. 확실히 예수님께서는 청년이 율법의 모든 계명을 실행하지 않았다며 질책하지 않으십니다. 오히려 그분은 그를 사랑하시고, 그가 배운 것에 자발적으로 복종하기에 그를 따뜻하게 맞아 주십니다. 하지만 청년이 영원한 생명에 아직 완전하지 않다고 말씀하십니다. 그가 완전한 것을 실행하지 않았으며, 율법의 일꾼이지만 참생명에 관해서는 게으르기 때문입니다. 2. 율법의 행위들은 확실히 선합니다. 누가 이를 부인하겠습니까? "계명은 거룩하기"(로마 7,12) 때문입니다. 하지만 그 행위들은, 최고의 법과 은총을 주시는 예수님께로 이끄는(갈라 3,24 참조), 두려움과 기초적 가르침과 연관된 일종의 훈련이라는 점에서만 선합니다. 반면에, "율법의 완성"(로마 13,10)은 믿는 이를 누구나 의롭게 하시는 그리스도이십니다(로마 10,4 참조). 그분은 아버지의 뜻을 완전하게 지키는 이들을(마태 12,50 참조) 종[20]의 방식으로, 종을 만드시지 않고 자녀와 형제, 공동상속자로 삼으셨습니다(로마 8,14-17 참조).

10.1. "네가 완전한 사람이 되려거든"(마태 19,21; 참조: 마르 10,21). 이 구절을 보면 그 청년은 아직 완전하지 않았습니다. 완전함[21]에는 정도의 차이가 있을 수 없기 때문입니다. "네가 … 되려거든"(마태 19,21; 참조: 마르 10,21)이라는 말은 그분과 말하고 있는 영혼이 자유의지[22]를 지녔음을 나타내는 신적 선언입니다. 인간은 자유로운 존재이기에 선택할 수 있지만, 하느님께서는 주님이시기에 주실 수 있습니다. 2. 그분께서는, 진실로 원하며 간절히 청하는 이들에게 주십니다. 이런 방식으로 구원이 그들 자신의 것이 되게 하십니다. 하느님께서는 강압을 미워하시기에 강요하지 않으시며, 찾는 이들에게 주시고 청하는 이들에게 기꺼이 주시며 두드리는 이들에게 열어 주십니다(참조: 마태 7,7; 루카 11,9). 3. "따라서 네가 원한다면, 네가 진실로 원한다면, 너 자신을 속이지 않는다면 너에게 아직 모자란 것을 가져라. '너에게 모자란 것이 하나 있다'(참조: 루카 18,22; 마르 10,21).[23] 이미 율법 너머에 있는 선善인 이 하나는 나만 줄 수 있고 율법은 줄 수 없다. 율법은 이를 담고 있지 않으며, 이는 생명을 지닌 이들에게 고유한 것이다." 4. 참으로, "어려서부터" 율법의 모든 계명을 지키고 이를 몹시 자랑한(마르 10,20 참조) 청년은 이 하나, 곧 그가 갈망

하는 영원한 생명을 얻으려면 해야 한다고 구원자께서 지목하신 이 한 가지를 자신의 자랑거리에 덧붙일 수 없었습니다. 오히려 그는 못마땅해하며 떠났으며, 자신이 간청한 생명과 관계된 계명을 불쾌하게 여겼습니다. 5. 그는 자신의 말과 달리 실제로는 생명을 원하지 않았으며, 좋은 의도로 명성만 얻고자 했습니다. 그는 다른 많은 일로는 바쁠 수 있었으면서도 이 한 가지, 곧 생명으로 이끄는 일은 실행할 능력도 의지도 충분한 힘도 없었습니다. 6. 이는 주님께서 마르타에게 말씀하신 것과 비슷합니다. 마르타는 많은 일 때문에 바빴고 시중드는 일에 정신이 없었는데, 동생은 접대에 신경을 쓰지 않고 구원자의 발치에 앉아 그분한테 배우는 데 시간을 보내자 동생을 꾸짖었습니다. [그때에 구원자께서 마르타에게 이렇게 말씀하셨지요.] "너는 많은 일로 염려하고 걱정하는구나. 마리아는 좋은 몫을 선택하였다. 그리고 그것을 빼앗기지 않을 것이다"(루카 10,38-42 참조). 7. 이처럼 그분께서는 이 사람에게도 잡다한 일은 그만두고 한 가지 일에만 매달리라고, 영원한 생명을 주시는 분의 은총 곁에 앉아 있으라고 명하십니다.

11.1. 그러면 그 청년을 떠나가게 한 것, 그가 스승과 자신의 간청, 희망, 삶, 그가 이전에 행한 모든 수고[24]를 버리게 한 것은 무엇이었습니까? "네가 가진 것을 팔아라"(참조: 마태 19,21; 마르 10,21). **2.** 이 말은 무슨 뜻입니까? 많은 사람이 이 말을 피상적으로 이해합니다만, 그분께서는 청년에게 소유한 재물을 버리라고, 그의 소유물을 포기하라고 명령하신 것이 아닙니다. 오히려 그분은 청년의 영혼에서 재물에 대한 생각, 재물에 대한 애착, 재물에 대한 지나친 욕망, 재물에 대한 병적인 불안, 재물에 대한 걱정, [영원한] 생명의 씨앗을 자라지 못하게 하는(참조: 마태 13,22; 마르 4,19; 루카 8,14) 세속적인 삶의 가시를 떨쳐 버리라고 명령하십니다. **3.** 생명을 얻으려는 목적이 없다면, 단순히 부를 지니지 않는 것은 고귀하지도, 추구할 만한 가치가 있는 일도 아닙니다. 그렇지 않다면, 아무것도 지니지 않아 완전히 무일푼이며 일용할 빵을 구걸하고 절망적인 빈곤 때문에 길가에 있는 이들이 가장 복되고 하느님께 가장 사랑받으며 영원한 생명의 유일한 소유자일 것입니다. 그들이 하느님과 그분의 의로움(로마 10,3 참조)을 알지 못한다 하더라도, 어떤 생계 수단도 없고 매우 변변찮은 생필품도 없다는 바로 그 사실 때문에 그렇습니다. **4.** 한편, 부

를 포기하고 재산을 가난한 이들이나 자신의 조국에 아낌없이 내준 사람이 예전에 없었던 것도 아닙니다. 구원자께서 오시기 전에 많은 사람이 그렇게 했습니다. 어떤 이들은 학문과 죽은 지혜를 연구할 여가를 얻기 위해, 아낙사고라스와 데모크리토스, 크라테스 같은 이들은 헛된 명성과 허영을 위해 그렇게 했습니다.[25]

12.1. 그러면 그분께서 하느님께 새롭고 고유한 것, 홀로 생명을 주는 것이라고 선포하셨지만, 이전 시대의 사람들을 구원하지는 못했던 이유는 무엇입니까? "새 창조"[26] (갈라 6,15; 참조: 콜로 1,15; 2코린 5,17), 곧 하느님의 아드님께서 유일한 것을 선포하시고 가르치신다면, 그분의 권고는 가시적 행위나 다른 이들이 행한 것이 아니라 다른 어떤 것, 곧 더 위대하고 더 신적이며, 더 완전한 것을 가리킵니다. 이는 상징적인 표현으로서, 더 설명하자면, 사람의 영혼 자체와 영혼 안에 숨어 있는 [부정적] 열망들이 지닌 의지를 없애고, 정신과 조화되지 않는 모든 생각을 완전히 뿌리 뽑고 제거하는 것입니다. 이는 믿는 이들에게 특유한 과제이자 구원자에게 합당한 가르침을 배우는 것이기 때문입니다. 2. 이전 시대에 외적인

재물을 업신여기고 소유물들을 포기하고 내어 준 사람들이 있었던 것은 사실입니다만, 그들 영혼의 열망에 관한 한, 그들이 열망을 오히려 더 강하게 하였다고 저는 생각합니다. 그들은 자신들이 인간의 능력을 능가하는 어떤 것을 행한 것처럼 교만과 거만, 자만에 빠졌으며 다른 인간들을 경멸하였기 때문입니다. 3. 구원자께서 생명에 이르고자 하는 이들에게 당신께서 약속하신 생명(요한 10,28 참조)에 해롭고 위험한 것들을 어떻게 추천하셨을 수 있겠습니까? 4. 다른 한편으로, 사람은 자신의 소유물을 단념한 뒤에도 재산에 대한 욕구와 갈망에 끊임없이 열중하고 전념할 수 있습니다. 그는 자신의 부를 사용하는 것을 포기하였지만 이제 곤경에 처하자 자신이 저버린 것을 갈망합니다. 그는 처음에는 도움[27]을 받을 수 있는 수단이 없기 때문에, 그다음에는 자신이 한 일을 후회하기 때문에 이중의 고통을 느낍니다. 5. 어떤 사람에게 생필품이 없을 때, 그는 어떻게 해서든 어디에서라도 이 생필품을 마련하려고 애쓰는데, 그러자면 아마도 생각을 낮추지 않을 수 없고 고상한 것들을 소홀히 하지 않을 수 없을 것입니다.

13.1. 어떤 사람이 풍족히 소유하여 돈벌이에 대해 걱정하지 않고 또한 그가 도와주어야 하는 이들을 도울 수 있는 반대의 경우가 얼마나 더 유익합니까? 아무도 아무것도 소유하지 않는다면 사람들이 어떻게 공유[28]할 수 있습니까? 2. 이 가르침이 주님의 다른 고귀한 가르침들과 명백히 모순되고 대립된다는 사실을 어떻게 부인할 수 있습니까? 3. "불의한 재물로 친구들을 만들어라. 그래서 재물이 없어질 때에 그들이 너희를 영원한 거처로 맞아들이게 하여라"(루카 16,9). "하늘에 보물을 쌓아라. 거기에서는 좀도 녹도 망가뜨리지 못하고, 도둑들이 뚫고 들어오지도 못한다"(마태 6,20). 4. 우리 각자가 이미 이 모든 것 가운데 아무것도 소유하고 있지 않다면, 어떻게 굶주린 이들에게 먹을 것을 줄 수 있고, 목마른 사람들에게 마실 것을 줄 수 있으며, 헐벗은 사람들에게 입을 것을 줄 수 있고 집 없는 이들을 맞아들일 수 있겠습니까? 그분께서는 이런 일들을 행하지 않은 이들에게 불과 바깥 어둠으로 위협하시지 않았습니까?(마태 25,35-43 참조). 5. 게다가 주님께서는 자캐오(루카 19,5-6 참조)와 레위(참조: 마르 2,14-15; 루카 5,27-29), 마태오(마태 9,9-10 참조),[29] 부유한 사람들과 세리들 집에 손님으로 머무르셨으며, 그들에게 부를 포기하라

고 명하시지 않았습니다. 반대로 그분은 다만 부를 공정하게 사용할 것을 요구하시고 부당하게 사용하는 것을 금하시면서 "오늘 이 집에 구원이 내렸다"(루카 19,9)라고 선포하십니다. 6. 이와 같이 그분은 [이 말로] 부의 올바른 사용을 칭찬하시며, 이 조건으로 부가 공유될 것, 곧 목마른 사람들에게 마실 것을 주고 굶주린 이들에게 먹을 것을 주며, 집 없는 이들을 맞아들이고 헐벗은 사람들에게 입을 것을 주라고 명하십니다(참조: 마태 25,35-46; 이사 58,7). 7. 부가 없으면 이 일들을 할 수 없는데, 그럼에도 주님께서 부를 멀리하라고 명하신다면, 주님께서는 앞에 말한 것 같은 것들을 주랬다가 주지 말랬다가, 먹을 것을 주랬다가 주지 말랬다가, 맞아들이랬다가 내쫓으랬다가, 나누랬다가 나누지 말랬다가 하는 식으로 명령하신 것과 다름이 없지 않겠습니까? 그러나 이는 불합리의 극치일 것입니다.

14.1. 따라서 우리는 우리와 이웃들에게 유익할 수 있는 재산을 낭비해서는 안 됩니다. 그것은 소유할 가치가 있기에 (κτητὰ ὄντα) 소유물(κτήματα)이라고 불리며, 어떤 것을 할 능력이 있고(χρήσιμα ὄντα)[30] 유익하며 인간에게 유익(χρῆσις)하도록

하느님에 의해 창조되었기에 재산(κρήματα)이라고 불립니다. 참으로 재물은 물질이나 도구처럼 그것을 사용할 줄 아는 사람들이 잘 사용하도록 가까이에 있으며, 마음대로 사용될 수 있습니다. 2. 당신이 도구를 능숙하게 사용할 수 있다면 도구는 제대로 사용된 것입니다. 그러나 당신이 능숙하지 않다면, 도구 그 자체는 아무런 책임이 없지만 당신의 미숙함만큼만 보여 줄 뿐입니다. 3. 부도 그러한 종류의 도구입니다. 당신은 부를 올바로 사용할 수 있고 부는 의로움에 봉사합니다. 그러나 어떤 사람이 부를 그릇되게 사용한다면 부는 불의의 봉사자로 확인됩니다. 부의 본질은 지배하는 것이 아니라 단지 봉사하는 것입니다. 4. 따라서 우리는, 그 자체로 선하지도 악하지도 않기에 책임이 없는 것에 책임을 돌려서는 안 됩니다. 오히려 그것을 선하게 또는 악하게 사용할 수 있는 능력을 지닌 이에게만 선택에 따른 책임이 있습니다. 그에게 책임이 있는 이유는 바로 이 때문입니다. 책임은, 자신에게 주어진 것을 사용함에 있어 자유롭게 선택할 수도 있고 스스로 결정할 수도 있는 인간의 정신에 있습니다. 5. 그러므로 인간은 자신의 소유물을 없앨 것이 아니라, 가진 것을 더 잘 사용하는 데 동의하지 않는 영혼의 열망을 없애야 합니다. 그래야 인간이 고귀하고 선하게 되어 이 소유물들을 고귀한 방식으로 사용할 수 있기 때문입니다. 6. 따라서 우리가 지닌 모든 것을 다 버리고(루카 14,33 참조) 가진 모든 것을 팔라(참조: 마태 19,21; 마르 10,21)는 요구는 영혼의 열망과 관련한 말씀이라고 이해해야 합니다.

15.1. 이제 저는 이렇게 말하고 싶습니다. 어떤 소유물들은 영혼 안에 있고 어떤 소유물들[31]은 영혼 밖에 있는데, 영혼이 바깥에 있는 소유물들을 좋은 데 사용하면 그것들도 좋은 것처럼 보이며, 그것들을 나쁜 데 사용하면 나쁜 것처럼 보인다고 말입니다. 그러면 우리가 가진 것을 없애라고 명령하시는 주님께서 우리에게 포기하라고 요구하시는 것은 이 두 가지 가운데 어떤 것입니까? 가진 것을 없앤 뒤에도 아직 남아 있는 열망입니까, 아니면 가진 것을 없앤 뒤에 외적 소유물조차 유익하게 되는 것입니까? 2. 자신의 세속적 부를 없앤 사람도 비록 재산이라는 실체는 사라졌지만 열망에서는 여전히 부유할 수 있습니다. 그의 성향이 사고력을 저해하고 압박하며 타고난 욕구들에 불을 붙이면서 활동을 계속하기 때문입니다. 따라서 그가 열망에서 부유하다면, 그가

소유물들에서 가난한 것은 그에게 아무런 도움이 되지 않습니다. 3. 그는 가치 없는 것들을 없앤 것이 아니라 그 자체로 선하지도 악하지도 않은 것들[32]을 없앴기 때문입니다. 그는 유용하게 쓰일 수 있는 것을 자신에게서 빼앗은 반면, 외적 재물들이 부족하기에 악이라는 내적 물질에 불을 질렀습니다. 4. 사람은 자신이 지닌 해로운 것들을 단념해야 합니다. 그가 올바르게 사용할 줄 알면, 자신의 이익에 실제로 이바지할 수 있는 것들은 단념해서는 안 됩니다. 5. 이익은 지혜와 신중, 신심이 함께 작용하는 일들에서 옵니다. 우리는 해로운 것을 거부해야 합니다. 하지만 외적인 재물들은 해로운 것이 아닙니다.

16.1. 이처럼 주님께서는 외적인 재물을 사용하는 것을 허용하십니다. 그분은 생계에 필요한 것들이 아니라 이것들을 나쁜 데 사용하는 것을 포기하라고 명령하십니다. 재물을 나쁜 데 사용하는 것은, 우리가 보았듯이, 영혼의 병이자 열망입니다. 나쁜 데 사용하는 부가 있을 경우 그 부는 죽음을 불러오며 그 부를 잃으면 구원이 옵니다. 이 부에서 사람은 자신의 영혼을 깨끗하게, 곧 가난하고 비어 있게 해야 하

며, 그다음엔 "와서 나를 따라라"(마르 10,21)라는 주님의 말씀을 들어야 합니다. 2. 이제 주님 자신이 마음이 깨끗한(마태 5,8 참조) 이에게 길이 되십니다(요한 14,6 참조). 이와 달리 깨끗하지 않은 마음에는 하느님의 은총이 들어가지 않습니다. 많은 세속적인 애착으로 욕망과 일에서 부유한 영혼은 깨끗하지 않습니다. 3. 재산과 금과 은과 집을 하느님의 선물로 지니고 있으며, 그것들을 주신 하느님을 위해 인간을 구원하는 데 봉사하는 사람은 자기 자신보다 형제들을 위해 그것들을 소유하고 있음을 알며, 그것들의 소유에 상관없이 초연히 살아갑니다. 자기 소유물들의 노예가 아니며 그것들을 자기 영혼 안에 지니지 않는 사람은 소유물들을 자기 삶의 목표와 참뜻으로 삼지 않고 늘 고귀하고 신적인 행위를 하려고 애씁니다. 그는 언젠가 소유물들을 빼앗길 운명에 처한다면, 그것들을 풍부하게 지녔을 때와 마찬가지로 즐거운 마음으로 그 잃음을 견뎌 낼 수 있습니다. 이런 사람은 하느님의 축복을 받고 영으로 가난하며, 하늘 나라(마태 5,3 참조)의 준비된 상속자이며, 생명을 얻을 수 없는 부유한 사람이 아닙니다.

17.1. 부를 자신의 영혼 안에 지니고 있고, 자기 마음에 하느님의 영 대신에 금이나 토지를 지니고 있는 사람은, 늘 자신의 소유물을 한없이 늘리려 합니다. 그는 시선을 아래쪽에 두고, 세상의 덫에 사로잡혀 있으며, 흙에서 나와 흙으로 돌아갈(창세 3,19 참조) 운명이면서 끊임없이 더 많은 것을 얻으려고 애씁니다. 그러한 사람이 어떻게 하늘 나라를 갈망하며 묵상할 수 있겠습니까? 마음이 아니라 토지나 광산을 자신 안에 지니고 있는 사람은 필연적으로 자신이 선택한 이것들 가운데 있지 않겠습니까?[33] "사람의 마음이 있는 곳에 그의 보물도 있다"(참조: 마태 6,21; 루카 12,34).[34] 2. 주님께서는 두 종류의 보물을 알고 계십니다. 하나는 "선한 사람이 마음의 선한 보물에서 선한 것을 내놓는" 선한 보물입니다. 다른 하나는 "악한 사람이 악한 보물에서 악한 것을 내놓는다. 마음에서 넘치는 것을 입으로 말하는 법이다"(참조: 루카 6,45; 마태 12,35)라는 악한 보물입니다. 3. 따라서 주님과 함께 그리고 우리와 함께 있는 유일한 보물이 있듯이, 곧 발견했을 때 곧바로 큰 이익을 가져오는 종류가 있는가 하면(마태 13,44 참조), 이익이 되지 않고 부러워할 것 없으며 바람직하지 않고 해로운 둘째 종류도 있습니다. 따라서 하나는 선한 것들의 부이며, 다

른 하나는 악한 것들의 부입니다. 우리는 부와 보물은 그 본성상 서로 분리되지 않는다는 것을 알고 있습니다. 4. 부의 한 종류는 바람직하며 얻을 가치가 있고, 다른 종류는 바람직하지 않으며 가치가 없습니다. 마찬가지로, 가난도 영적인 가난은 복됩니다. 5. 이런 까닭에 마태오는 '가난한 사람은 행복하다'에 어떤 낱말을 덧붙입니까? "영으로"를 덧붙입니다(마태 5,3 참조). 또한 "하느님의 의로움에 주리고 목마른 사람들은 행복하다"(마태 5,6 참조) 하였습니다. 그렇다면 반대의 의미로 가난한 이들[35]은 불행합니다. 그들은 하느님이 없고 세속적 소유물들은 더 없으며, 하느님의 의로움을 알지 못합니다.

18.1. 따라서 하늘 나라에 들어가기 어려운 "부자들"(마르 10,23 참조)에 관한 이 말씀을 우리는 제자들의 영 안에서 이해해야 합니다. 서투르게, 조잡하게 또는 문자 그대로 이해해서는 안 됩니다. 그것은 이렇게 말해진 것이 아니기 때문입니다. 구원은 외적인 것들이 많든지 적든지, 작든지 크든지, 화려하든지 초라하든지, 영예롭든지 수치스럽든지, 그것들에 달려 있는 것이 아닙니다. 오히려 영혼의 덕과 믿음, 희망,

사랑(1코린 13,13 참조), 형제애, 인식, 온유, 겸손, 진리 ─ 구원은 이런 것들에 대한 상입니다 ─ 에 달려 있습니다. 2. 사람은 육체적 아름다움 때문에 [영원한] 생명을 얻지도 않으며 그것이 없다고 파멸하지도 않습니다. 자신에게 주어진 육체를 거룩하게, 하느님의 뜻에 따라 사용하는 사람은 생명을 얻을 것이고 하느님의 성전을 파괴하는 사람은 파멸할 것입니다(1코린 3,17 참조). 3. 추한 사람이 방탕할 수도 있고 아름다운 사람이 정숙할 수도 있습니다. 육체의 힘과 크기가 생명을 야기하지도 않고 사지의 약함이 생명을 파괴하지도 않습니다. 오히려 영혼은 이 두 가지를 사용하는 방식에 따라 서로 다른 두 가지 결과의 원인을 제공합니다. 4. "누가 너를 때리면 얼굴을 갖다 대어라"(참조: 마태 5,39; 루카 6,29)라는 성경 말씀이 있습니다. 어떤 사람은 힘 있고 건강한데도 이 말에 복종할 수 있는 반면, 어떤 약한 사람은 화를 참지 못하는 성질 때문에 이를 어길 수 있습니다. 5. 이처럼, 생계 수단이 없는 빈궁한 사람도 욕정으로 취해 있을 수 있고, 소유물이 많은 사람도 쾌락에 관해 분별 있고 가난하며, 믿음이 있고 신중하며, 순수하고 행실이 바를 수 있습니다. 6. 그런즉 생명을 얻어야 하는 것은 무엇보다도 먼저 영혼이고, 영혼 안에

어떤 부자가 구원받는가?

서 성장하는 덕은 영혼을 구원하는 반면 악은 [영혼을] 죽입니다. 또한 인간을 파괴하는 부에서 영혼이 가난하면 구원받는 반면, 몰락시키는 부에서 영혼이 부유하다면 죽습니다. 이는 이제 매우 분명합니다. 7. 그러니 이제 더 이상 우리가 이루려는 목적의 원인을 다른 데서 찾지 말고, 그것은 하느님께 대한 영혼의 복종과 영혼의 깨끗함, 또는 영혼의 계명 위반과 악의 반복을 낳는 영혼의 특성과 성향에 달려 있음을 압시다.

19.1. 진실로 그리고 좋은 의미로 부유한 사람은 덕에서 부유하고 모든 행운을 거룩하고 신실한 방식으로 사용할 수 있는 사람입니다. 그러나 가짜로 부유한 사람은 육에 따라 부유하고, 자신의 삶을 없어지고 마는, 지나가는 외적 소유물들로 바꿉니다. 그런 소유물은 한때는 이 사람에게, 한때는 저 사람에 속하다가 마침내는 아무에게도 속하지 않습니다. 2. 마찬가지로, 진짜로 가난한 사람이 있고, 가짜로 가난한, 이름만 그럴듯하게 가난한 사람이 있습니다. 한쪽은 영으로 그리고 내적인 인격적 빈곤으로 가난하며, 한쪽은 세속적인 재화에서 그리고 외적인 낯선 빈곤으로 가난합니

다. 3. 세속적인 재화에서 가난하지 않고 열망으로 부유한 사람에게 영으로 가난하고 하느님을 향하는 데 부유한 사람은 이렇게 말합니다. "너의 마음이 깨끗하게 되어 하느님을 볼 수 있도록 네 영혼 안에 사는 낯선 소유물들을 떼어 내라"(마태 5,8 참조). 이 말에서 하느님을 본다는 것은 곧 하늘 나라에 들어가는 것을 뜻합니다. 4. 그러면 당신은 그 소유물들을 당신 자신에게서 어떻게 떼어 낼 수 있습니까? 그것들을 팔아 버리는 것이지요. 그러면 어떻게 됩니까? 당신은 소유물들 대신에 부를 취합니까? 부동산을 돈으로 바꿈으로써 한 종류의 부를 다른 종류의 부로 바꿉니까? 5. 결코 그래서는 안 됩니다. 오히려 당신이 구원하기를 바라는 영혼 안에 이전에 살던 것 대신에, 당신을 신적 존재로 만들고 영원한 생명을 주는, 곧 하느님의 계명들과 일치하고자 결심하는 다른 종류의 부를 받아들이십시오. 이에 대한 보답으로 당신은 풍성한 보상과 영예, 영원한 구원, 영원한 불멸을 지니게 될 것입니다. 6. 이런 식으로 한다면 당신은 가지고 있는 많은 것, 당신에게 남아돌며 하늘을 막고 있는 많은 것을 잘 파는 것이고 그것들 대신 구원하는 힘을 지닌 것들을 받습니다. 많아서 남아도는 것들을 그것을 필요로 하고 육적으로 가난한 이들이 갖게 합시다. 그 대신에 영적인 부를 받은 당신은 하늘에 보물을 쌓게 될 것입니다(참조: 마태 19,21; 마르 10,21).

20.1. 매우 부유하고 율법에 충실한 그 사람은 이 말씀들을 올바르게 이해하지 못했습니다. 같은 사람이 어떻게 가난한 동시에 부유할 수 있고 부를 지닌 동시에 지니지 않을 수 있으며 세상을 이용하는 동시에 이용하지 않을 수 있는지(1코린 7,29-31 참조)도 이해하지 못했습니다. 그래서 그는 우울해하며 풀이 죽어 떠났습니다(마르 10,22 참조). 그는 갈망할 수 있었지만 얻을 수 없었던 생명의 신분을 포기했으며, 어려운 일을 그 스스로 불가능한 일로 만들었습니다(마르 10,23.27 참조). 2. 영혼이 눈에 보이는 부와 관련된 사치품들과 화려한 유혹물들에 사로잡히지 않고 현혹되지 않기란 어렵습니다. 그러나 그런 가운데에서도, 어떤 사람이 자신을 감각적인 부에서 정신적인 부와 하느님께서 가르치신 부로 옮기고자 하며, 좋지도 나쁘지도 않은 것들[36]을 올바르게 적절히 사용하며 영원한 생명에 이르는 길에 접어드는 것을 배우려 한다면, 구원을 받는 것은 불가능하지 않았습니다. 3. 제자들 자

신도, 주님의 말씀을 들었을 때, 처음에는 두려움과 놀람으로 가득 찼습니다(마르 10,26 참조). 도대체 왜 그랬을까요? 그들이 많은 부를 소유했기 때문입니까? 그들은 자신들의 보잘것없는 그물, 낚싯바늘, 고깃배조차 오래전에 버렸습니다. 이것들은 그들이 지닌 전부였습니다. 그런데 왜 그들은 두려워하면서 "누가 구원받을 수 있는가?"(마르 10,26) 하고 말했습니까? 4. 그들은 주님께서 모호한 비유들로 말씀하신 것을 — 제자라면 그래야 하듯 — 올바르게 이해했고 그분 말씀의 깊은 뜻을 파악했기 때문입니다. 5. 부와 소유물이 없다는 점에서는 그들은 구원받을 확실한 희망이 있었습니다. 그러나 자신들의 열망을 아직 완전히 없애지 못했다는 점을 알고 있었기에 — 그들은 구원자께서 불과 얼마 전에 제자로 선발하신 풋내기 제자였기 때문입니다 — "그들은 매우 놀랐으며"(마르 10,26 참조), 실제로는 영원한 생명보다 소유물을 더 좋아하고 그에 몹시 집착한 [복음서의] 이 매우 부유한 사람 못지않게 절망하기 시작했습니다. 6. 외적 부를 지닌 이들만 아니라 자기 안에 열망을 지니고 있는 사람도 — 제자들도 이 점에서는 부유했으니까요 — 똑같이 하늘에서 쫓겨난다면, 제자들은 충분히 두려움을 느낄 만했습니다.

깨끗하고 열망이 없는 영혼들만 구원을 얻기 때문입니다.

21.1. 그러나 주님께서는 이렇게 대답하십니다. "사람에게는 불가능하지만 하느님께는 그렇지 않다"(마르 10,27). 이 말씀도 엄청난 지혜로 가득 차 있습니다. 열망이 없는 상태가 되려고 홀로 훈련하고 애쓰는 사람은 아무것도 이루지 못하지만, 자신이 이 목표를 열심히 추구하며 온 힘을 기울인다는 것을 분명히 밝히는 사람은 하느님에게서 오는 힘의 도움으로 그 목표를 이루기 때문입니다. 2. 하느님께서는 사람들이 몹시 바랄 때 그들의 영혼에 당신의 힘을 불어넣어 주시지만, 그들의 열의가 사라지면 하느님께서 주신 영도 물러납니다. 사람들이 원치 않는데도 그들을 구원하는 것은 폭력 행위이지만, 그들이 선택했을 때 그들을 구원하는 것은 은총의 행위입니다. 3. 또한 하느님 나라는 잠자는 이들과 게으른 사람들에게는 속하지 않지만 "폭력을 쓰는 자들은 그것을 차지합니다"(마태 11,12 참조). 이것이 유일하게 선한 폭력입니다. 하느님에게 폭력을 사용하여 하느님에게서 생명을 얻어 내는 것이지요. 강제로, 달리 말해 끈질기게[37] 당신께 매달리는 이들을 아시는 그분께서는 그들에게 굴복하

십니다. 하느님께서는 그러한 시합에서 지시는 것을 기뻐하십니다. 4. 주님께 선택되고, 첫 번째 제자들 가운데서도 특별히 뛰어나며, 오직 그와 당신 자신을 위해 구원자께서 세금을 바치신(마태 17,27 참조) 복된 베드로는 이 말씀을 듣자 대번에 그 뜻을 파악하고 이해했습니다. 5. 그가 뭐라고 말합니까? "보시다시피 저희는 모든 것을 버리고 스승님을 따랐습니다"(마르 10,28). 베드로가 말하는 "모든 것"이 그의 소유물들을 의미한다면, 이른바 그는 네 오볼로스[38] 또는 그 정도의 것을 포기했음을 자랑하는 것이며, 무의식적으로 하늘나라가 그 정도만 바치면 얻을 수 있음을 단언하는 셈입니다. 6. 그러나 우리가 조금 전에 말했듯이, 그들이 정신의 옛 소유물들과 영혼의 병들을 자신에게서 떨쳐 냄으로써 자기들 스승의 본보기를 따르고 있다면, 베드로의 말은 하늘에 이름이 기록될(참조: 루카 10,20; 히브 12,23) 사람들에게 정확히 들어맞는 말일 것입니다. 7. 우리가 구원자의 죄 없음과 완전함을 추구할 때, 거울 앞에 있듯이 그분 앞에서 영혼을 치장하고 다듬으며 모든 면에서 그분과 같은 모습이 되려고 매우 철저하게 준비하는 것이야말로 그분을 참으로 따르는 것입니다.

22.1. 예수님께서 이렇게 대답하셨습니다. "내가 진실로 너희에게 말한다. 누구든지 나 때문에, 또 복음 때문에 집이나 부모와 형제, 부를 버린 사람은 백 배로 돌려받을 것이다"(마르 10,29-30 참조). **2.** 이 말씀 때문에 혼란스러워하지 마십시오. 또 다른 말씀, "아버지와 어머니와 자녀, 심지어 자기 목숨까지 미워하지 않는 사람은 내 제자가 될 수 없다"(루카 14,26 참조)라는 더 냉혹한 말씀의 경우도 마찬가지입니다. **3.** 원수마저 사랑하라고 권고하시는(참조: 마태 5,44; 루카 6,27.35) 평화의 하느님께서는 우리가 너무나도 사랑하는 사람들을 글자 그대로 미워하거나 저버리라고 막무가내로 요구하지는 않으시니까요. **4.** 사람이 원수를 사랑해야 한다면, 피로 맺어진 가장 가까운 사람들도 마땅히 사랑해야 한다고 추론할 수 있습니다. 또는 그가 혈족들을 미워해야 한다면, 관계를 먼 방향으로 확대하여 원수들은 더욱더 미워해야 한다고 추론할 수 있습니다. 그렇다면 이 두 말씀은 둘 중 하나가 성립할 수 없어야 합니다. **5.** 그러나 실제로는 전혀 그렇지 않습니다. 어떤 사람이 원수에게 복수하지도 않고 자기 아버지를 그리스도보다 더 공경하지 않는다면, 그는 같은 정신과 태도, 그리고 같은 목적을 지니고서 아버지를 미워하고 원

수를 사랑할 수 있습니다. 6. 그리스도께서는 한 말씀으로는 미움과 악행을 뿌리 뽑으시고, 또 한 말씀으로는 친척들이 우리의 구원에 해를 끼칠 경우 그들에 대한 그릇된 존중을 뿌리 뽑으시는 것입니다. 7. 예를 들어 어떤 사람의 아버지나 아들이나 형제가 불경해서 믿음에 방해가 되고 저 높은 곳의 삶을 얻는 데 걸림돌이 된다면, 그와 친분을 유지하거나 그에게 호응해서는 안 됩니다. 영적 적대 관계에 있으니 육적 관계를 끊어야 합니다.

23.1. 이 문제를 소송처럼 생각하십시오. 당신 아버지가 당신 옆에 서서 "내가 너를 낳고 키웠다. 나를 따르고 나와 함께 부정한 일을 하며 그리스도의 법에 복종하지 말자"라고 말한다고 상상해 보십시오. 하느님을 모독하는 자이며 본성상 죽은[39] 사람이 할 만한 말이면 어떤 말이든 관계없습니다. 2. 그러나 다른 쪽에서 들려오는 구원자의 말씀을 들으십시오. "네가 세상에 의해 유감스럽게도 죽음을 위해 태어났을 때, '내가 너를 새로 태어나게 하였다'(1베드 1,3 참조). 나는 너를 자유롭게 하고 치유했으며 구원하였다. 나는 너에게 끝없이 영원한 천상의 생명을 주겠다(요한 10,28 참조). 나는 너에

게 선한 아버지이신 하느님의 얼굴을 보여 주겠다(요한 14,8-9 참조). 세상 누구도 너의 아버지라고 부르지 마라(마태 23,9 참조). 죽은 이들의 장례는 죽은 이들이 지내도록 내버려 두고 너는 나를 따라라(참조: 마태 8,22; 루카 9,60). 3. 나는 너를 안식으로, 그리고 발설할 수 없고(2코린 12,4 참조) 말로 표현할 수 없는 좋은 것들을 누릴 수 있는 곳으로 이끌겠다. 이 좋은 것들은 어떠한 눈도 본 적이 없고 어떠한 귀도 들은 적이 없으며, 사람의 마음에 떠오른 적도 없다. 천사들은 하느님께서 당신을 사랑하는 성도들과 자녀들을 위해 마련해 두신 좋은 것들을 들여다볼 수 있기를 갈망하였다(참조: 1코린 2,9; 1베드 1,12).[40] 4. 나는 나 자신을 빵으로 주는 너의 양육자다. 이 빵을 먹는 사람은 아무도 더 이상 죽음의 시련을 겪지 않는다. 또한 나는 나 자신을 매일 불사의 음료로 준다(요한 6,50-51 참조). 나는 하늘의 가르침에 관한 스승이다. 너를 위해 나는 죽음과 싸웠으며, 네가 이전에 지은 죄와 하느님을 거스르는 불신 때문에 빚진 죽음이라는 벌을 받았다." 5. 양쪽의 말을 다 들었으면 당신 자신을 위하여 판단을 내리고 당신 자신의 구원을 위해 한 표를 던지십시오. 형제나 자녀, 아내 또는 그 밖의 다른 사람이 같은 말을 하더라도, 이 모든 이보다 그리스도께서 당신 안에서 승리자이셔야 합니다. 그분은 당신을 위해 투쟁하시기 때문입니다.

24.1. 당신은 당신의 부를 넘어설 수 있습니까? 그렇다고 말하십시오. 그리스도께서는 당신에게서 소유물들을 빼앗지 않으십니다. 주님께서는 시샘하지 않으십니다. 그러나 당신은 소유물들에 패배하고 제압되고 있다는 사실을 아십니까? 그것들을 버리고 내던지며 미워하고 작별을 고하며 달아나십시오. 2. '네 오른 눈이 너를 죄짓게 하거든 그것을 빨리 빼어 내어라.' 두 눈을 가지고 불에 들어가는 것보다 한 눈을 가지고 하느님 나라에 들어가는 편이 더 낫습니다. 한 손이나 한 발이 또는 당신의 목숨이 [당신을 죄짓게] 하거든 그것을 미워하십시오(참조: 마태 5,29-30; 마르 9,43.45.47; 루카 14,26). 그리스도를 위해 이승에서 목숨을 잃는다면 저승에서 구원받을 것입니다(참조: 마르 8,35; 마태 10,39; 16,25; 루카 17,33).

25.1. 마찬가지로 다음의 구절도 이 의미에 일치합니다. 이 현세에서 우리가 박해를 받을 때 토지와 부와 집과 형제들이 있는 것이 무슨 도움이 됩니까?(마르 10,30 참조). 2. 그분께

서 생명으로 부르신 것은 부나 집이나 형제들이 없는 이들만이 아닙니다. 그분께서는 (우리가 앞에서 말한 의미에서이긴 하지만)[41] 부유한 사람들도 부르셨기 때문입니다. 그리고 베드로와 안드레아, 제베대오의 아들들인 야고보와 요한(마태 4,18-22와 병행 구절)처럼 ─ 이들은 실로 서로 그리고 그리스도와 한 정신의 형제들이었지만 ─ 형제들도 부르셨습니다. 3. 그런데 그분께서는 우리가 "박해 가운데 있을 때"는 이런 것들을 지니는 것을 좋아하시지 않습니다. 두 종류의 박해가 있습니다. 하나는 외부에서 가해지는 것으로, 사람들이 증오나 시기나 이윤 추구욕이나 악마의 영향으로 신자들을 괴롭힐 때 일어납니다. 4. 그러나 가장 혹독한 박해는 불경한 욕정과 온갖 종류의 쾌락, 부도덕한 기대, 사악한 상상으로 더러워지는 각 사람의 영혼 내부에서 일어납니다. 더 많이 탐내고 격노하며 격렬한 사랑으로 불타오르면, 영혼은 자극물들이나 박차처럼 영혼 안에 있는 열망으로 미친 듯 흥분하게 되고, 생명에 대해 절망하며 하느님을 경멸하게 됩니다. 5. 이는 내부에서 일어나고 늘 우리와 함께 있기 때문에 더 가혹하고 쓰라린 박해입니다. 희생자는 어디에서나 자신 안에 원수를 지니고 다니기 때문에[42] 이 박해를 피할 수도 없습니다. 6. 불로 얘기를 해 보자면, 외부에서 오는 불은 단련의 결과를 낳지만(참조: 1코린 3,13; 로마 5,4; 1베드 4,12) 내부에서 이는 불은 죽음을 초래합니다.[43] 전쟁으로 얘기해도 그렇습니다. 우리를 거슬러 일어나는 전쟁은 쉽게 끝나지만 영혼 안에서 일어나는 전쟁은 죽을 때까지 계속됩니다. 7. 그러한 박해와 더불어 당신에게 눈에 보이는 부와 혈연상의 형제들, 이러저러한 갖가지 소유물들이 있다면, 악으로 이끄는 이 모든 것을 혼자 누리기를 포기하고 당신 자신에게 평화를 베푸십시오. 오랜 박해에서 당신을 자유롭게 하고 복음으로 돌아서십시오. 다른 모든 것에 앞서 당신 영혼의 변론자이자 조언자[44]이며 무한한 생명의 주재자이신 구원자를 선택하십시오. 8. "보이는 것들은 잠시뿐이지만 보이지 않는 것들은 영원하기"(2코린 4,18) 때문입니다. 현세의 것들은 덧없고 불확실하지만 "내세에는 영원한 생명이 있습니다"(마르 10,30 참조).

26.1. "첫째가 꼴찌 되고 꼴찌가 첫째가 되는 이들이 있을 것이다"(마르 10,31). 이 말씀은 더 깊은 의미와 풀이에 따라 여러 가지로 해석할 수 있지만 이 시점에서는 더 깊이 들어갈

필요가 없습니다. 이 말씀은 많은 재물을 지닌 이들뿐 아니라 신앙에 귀의한 모든 이에게 예외 없이 해당되기 때문입니다. 그러니 지금은 더 깊이 들어가지 않기로 하지요. 2. 그런데 우리가 (오늘) 강해에서 다루는 문제와 관련해서, 저는 약속[45]이 어떤 점에서도 빈말이 아니라는 것을 보여 드렸다고 생각합니다. 부자들이 하느님의 계명들에 복종할 수 있고 복종하려 한다면, 그리고 그들이 자신의 생명을 일시적인 사물들보다 중히 여기고 ― 선원들이 뛰어난 키잡이가 원하는 것, 명령하는 것, 언제 어디에 닻을 내리라고 할지 그의 신호와 암호 하나도 놓치지 않기 위해 키잡이를 지켜보는 것처럼 ― 시선을 돌리지 않고 주님을 바라본다면, 구원자께서는 부자들이 실질적인 부를 소유하고 있고 재산을 투자한다는 이유로 그들을 구원에서 제외하시지도, 그들의 구원을 가로막지도 않으셨기 때문입니다. 3. 어떤 사람이 개종하기 이전에 사려 깊게 생각하고 절약하여 생계를 유지하기에 충분한 재산을 모았다면, 그가 무슨 잘못을 저질렀습니까? 또는 행운의 분배자이신 하느님께서 그를 처음부터 그러한 사람들의 집안에, 곧 재물이 많고 부로 세력을 떨치는 가정에 태어나게 하셨다면, 도대체 그가 비난받을 이유가 무엇입니까? 4. 그가 자신의 선택과 상관없이 부유한 집안에서 태어났다는 이유로 생명에서 제외되었다면, 일시적으로 풍족한 생활을 할 자격이 있다고 여겨졌지만 영원한 생명을 빼앗긴 그는 오히려 그에게 생명을 주신 하느님 때문에 잘못을 하게 된 것이 아닙니까? 5. 부가 죽음의 공급자이자 관리자라면 도대체 부가 세상에 왜 생겨났습니까? 6. 그러나 어떤 사람이 소유물에서 오는 힘의 경계를 넘지 않을 수 있고, 생각이 겸손하고 자제하며 하느님만 찾고 하느님의 영으로 숨 쉬며 하느님과 더불어 걸어갈 수 있다면, 이런 사람은 계명에 순종하면서도 자유롭고 억눌리지 않으며, 재물이 끼치는 병도 해도 입지 않습니다. 7. 그런 경우가 아니라면, "부자가 하느님 나라에 들어가는 것보다 낙타가 바늘귀로 빠져나가는 것이 더 쉽습니다"(마태 19,24; 마르 10,25; 루카 18,25). 8. 협소하고 비좁은 길(마태 7,14 참조)을 부자보다 더 빨리 지나가는 낙타는, 구원자의 신비처럼, 더 고상한 의미를 지닌 것으로 이해되어야 하는데,[46] 이에 관해서는 본인의 저작인 『첫째 원리들과 신학에 관한 해설』[47]을 참고하시면 되겠습니다.

27.1. 아무튼, 여기에서 이 실례實例⁴⁸의 명백한 의미, 그리고 이 실례가 사용된 이유를 맨 먼저 설명하고 싶습니다. 부자들은 이미 단죄받은 사람처럼 지레 자기 구원을 무시해서도 안 되며, 재물을 바다에 쏟아 버리거나,⁴⁹ 마치 재물이 인생의 역적이나 원수라도 되는 양 판단해서도 안 된다는 사실을 이 실례는 가르쳐 줍니다. 부자들은 어떻게 재물을 사용하고 생명을 얻어야 하는지 배워야 합니다. 2. 어떤 사람이 부유하지만 하느님을 두려워한다면 어떠한 경우에도 파멸하지 않을 것입니다. 하지만 자신은 확실히 구원받으리라고 자신한다면 어떠한 경우에도 구원되지 않을 것입니다. 그러니 이제, 구원자께서 부자들을 위해 제시하시는 희망이 무엇이며 그들이 희망하지 못한 것을 어떻게 그들에게 보증하시는지, 그리고 그들이 희망하는 것을 어떻게 그들의 소유물로 만들 수 있는지 알아봅시다. 3. 계명들 가운데 가장 큰 계명이 무엇이냐고 질문을 받자, 스승께서는 "네 영혼을 다하고 네 힘을 다하여 주 너의 하느님을 사랑해야 하며"(마르 12,30 참조) 이보다 더 큰 계명은 없다고 말씀하셨습니다. 그분께서 이렇게 말씀하신 것은 당연합니다. 4. 참으로 이는 처음이신 분이자 가장 크신 분, 곧 우리 아버지이신 하느님 자

신에 관한 계명이기 때문입니다. 그분을 통하여 만물이 생겨났고 존재하며, 구원받는 것들은 그분에게 다시 돌아갑니다(로마 11,36 참조). 5. 우리는 그분에게서 먼저 사랑을 받았고(1요한 4,19 참조) 그분으로부터 생명을 받았기에, 다른 어떤 것을 더 공경할 만하고 더 영예롭다고 생각하는 것은 지당하지 않습니다. 이는 우리가 그분께 드리는 유일한 감사이며, 가장 큰 축복에 대한 작은 보답입니다. 완전하며 아무것도 필요로 하지 않는 하느님께 보답하려는 우리는 가장 보잘것없는 이것 외에 다른 것은 생각하지 못합니다. 우리는 자신의 힘과 능력에 따라 아버지를 사랑하는 바로 이 행위로 썩지 않게 됩니다. 사람은 하느님을 더 사랑할수록 하느님 안으로 더 가까이 들어가기 때문입니다.

28.1. 순서로는 두 번째이지만 덜 중요하지 않은 계명은 이것이라고 그분께서는 말씀하십니다. "네 이웃을 너 자신처럼 사랑해야 한다"(루카 10,27). 그런 이유에서 당신은 당신 자신보다 하느님을 더 사랑해야 합니다. 2. 그분께 질문한 사람이 "누가 이웃입니까?" 하고 묻자 그분께서는 유대인들처럼 혈족이나 동포 또는 개종자나 그들처럼 할례를 받은 사

람 또는 같은 율법을 지키는 사람으로 이웃의 의미를 한정하지 않으셨습니다. 3.⁵⁰ 오히려 그분께서는, 예루살렘에서 예리코로 내려가다가 강도를 만나 칼에 찔려 초주검이 된 채 길에 내버려진 어떤 사람에 관해 이야기하십니다. 어떤 사제가 그 곁을 지나갔습니다. 레위인은 그에게 전혀 신경을 쓰지 않았습니다. 이와 달리, 경멸받고 버림받은 사마리아인은 그를 측은히 여겼습니다. 그는 다른 사람들처럼 우연히⁵¹ 지나치지 않았고, 위험에 처한 사람이 필요로 하는 것, 곧 포도주와 기름, 붕대, 노새, 여관 주인에게 지불할 돈까지 모두 갖추고 있었습니다. 그는 그 돈의 일부를 여관 주인에게 주었고, 나중에 더 주겠다고 약속했습니다. 4. 그분은 "이 사람들 가운데 누가" 이런 폭행을 겪은 사람의 이웃으로 입증되었는지 물으셨습니다. 그(= 율법 교사)가 "그를 측은히 여긴 사람입니다"라고 대답했을 때, 그분께서는 "그러니 너도 가서 그렇게 하여라"라는 말씀을 덧붙이셨습니다. 사랑은 선행들로 나타나기 때문입니다.

29.1. 따라서 그분께서는 두 계명에서 사랑을 이야기하셨지만, 순서를 구분하셨습니다. 한 계명에서는 사랑의 가장 고

귀한 실천을 하느님께 하라 명하시고, 또 한 계명에서는 그다음으로 우리 이웃에게 사랑을 실천하라고 하셨습니다(루카 10,27 참조). 2. 이 이웃이 구원자 아니고 도대체 누구이겠습니까?[52] 또한 누가 그분께서, 이 많은 상처와 두려움, 정욕, 분노, 비탄, 사기, 쾌락[53]으로 어두운 세계의 지배자들(에페 6,12 참조)에 의해 거의 죽게 된 우리를 측은히 여기신 것보다 더 측은히 여길 수 있습니까? 3. 이 상처들을 치유할 수 있는 유일한 분은 열망을 완전히 그 뿌리까지 잘라 내시는 예수님이십니다. 그분께서는 율법과 달리, 나쁜 나무의 열매들만 보시지 않고 당신의 도끼를 악의 뿌리에 갖다 대셨습니다(참조: 마태 3,10; 루카 3,9). 4. 이분은 상처 입은 우리 영혼들에 포도주, 곧 다윗의 포도나무의 피를 부으신 분입니다.[54] 또한 아버지 마음에서 솟구쳐 나오는 기름, 곧 자비의 기름[55]을 가져오시어 아낌없이 우리에게 부어 주시는 분이십니다. 이분은 우리에게 건강과 구원, 사랑, 믿음, 희망(1코린 13,13 참조)이라는 끊어지지 않는 끈들을 보여 주신 분입니다. 또한 우리가 엄청난 상을 받도록 도우라고 천사들과 권세들과 권력들에게 명령하신 분이십니다(참조: 히브 1,14; 에페 3,10). 그들도 하느님 아들들이 영광스럽게 드러날 때 세상의 허무에서 해방

될 것이기 때문입니다(로마 8,19-21 참조). 5. 따라서 우리는 그분을 하느님과 동일하게 사랑해야 합니다(루카 10,27 참조). 하느님의 뜻을 행하고 그분의 계명들을 지키는 사람은 예수 그리스도를 사랑합니다(요한 14,15.23 참조). 6. "나에게 '주님, 주님!' 한다고 모두 하늘 나라에 들어가는 것이 아니다. 내 아버지의 뜻을 실행하는 이라야 들어간다"(마태 7,21). 그리고 "너희는 어찌하여 나를 '주님, 주님!' 하고 부르면서, 내가 말하는 것을 실행하지 않느냐?"(루카 6,46). 내가 말한 것을 행한다면(요한 13,17 참조), "의인들도 예언자들도 보지 못하고 듣지 못한 것을 너희는 보고 들을 수 있으니 행복하다"(마태 13,16-17 참조).

30.1. 그런즉 그리스도를 사랑하는 사람이 첫째이고, 그리스도를 믿는 이들을 존경하고 돌보는 이는 둘째입니다. 어떤 사람이 제자에게 해 준 것은 무엇이든 주님께서는 당신께 해 준 것으로 받아들이시며, 모두 당신이 받으신 것으로 여기십니다. 2. "내 아버지의 복을 받은 이들아, 와서, 세상 창조 때부터 너희를 위하여 준비된 나라를 차지하여라. 너희는 내가 굶주렸을 때에 먹을 것을 주었고, 내가 목말랐을

때에 마실 것을 주었으며, 내가 나그네였을 때에 따뜻이 맞아들였다. 또 내가 헐벗었을 때에 입을 것을 주었고, 내가 병들었을 때에 돌보아 주었으며, 내가 감옥에 있을 때에 찾아 주었다.' 3. 그러면 그 의인들이 이렇게 말할 것이다. '주님, 저희가 언제 주님께서 굶주리신 것을 보고 먹을 것을 드렸고, 목마르신 것을 보고 마실 것을 드렸습니까? 언제 주님께서 나그네 되신 것을 보고 따뜻이 맞아들였고, 헐벗으신 것을 보고 입을 것을 드렸습니까? 언제 주님께서 병드신 것을 보고 돌보아 주었으며 감옥에 계신 것을 보고 찾아가 뵈었습니까?' 4. 그러면 임금이 대답할 것이다. '내가 진실로 너희에게 말한다. 너희가 내 형제들인 이 가장 작은 이들 가운데 한 사람에게 해 준 것이 바로 나에게 해 준 것이다'"(마태 25,34-40). 5. 그러나 그들에게 이렇게 해 주지 않은 이들을 그분께서는, 그들이 당신께 이렇게 해 주지 않았다는 이유로, 영원한 불로 내던지십니다(마태 25,41-45 참조). 6. 다른 곳에서 이렇게 말씀하시기도 하셨습니다. "너희를 받아들이는 사람은 나를 받아들이는 것이고 너희를 받아들이지 않은 사람은 나를 배척한 것이다"(참조: 마태 10,40; 루카 10,16).

31.1. 그분은 당신을 믿는 이들을 자녀(마르 10,24 참조), 애(요한 21,5 참조), 철부지(마태 11,25 참조), 벗(참조: 루카 12,4; 요한 15,14-15)이라고 부르십니다. 또한 그들이 장래에 위대해질 것과 대비시켜 이곳에서는 작은 이들(마태 10,42 참조)이라고 부릅니다. 그분께서는 "너희는 이 작은 이들 가운데 하나라도 업신여기지 마라. 그들의 천사들이 하늘에 계신 내 아버지의 얼굴을 늘 보고 있다"(마태 18,10 참조)라고 말씀하십니다. 2. 그리고 다른 곳에서는 "작은 양 떼야, 두려워하지 마라. 너희 아버지께서는 하늘 나라를 너희에게 기꺼이 주기로 하셨다"(루카 12,32)라고 말씀하십니다. 3. 같은 방식으로 그분께서는 하늘 나라에서 가장 작은 이, 곧 당신의 제자가 여자에게서 태어난 이들 가운데 가장 큰 인물, 곧 요한보다 더 큰 인물이라고 말씀하십니다(참조: 마태 11,11; 루카 7,28). 4. 또 "의인이나 예언자를 받아들이는 사람은 이들이 받는 상을 받을 것이고, 제자의 이름으로 어떤 제자에게 시원한 찬물 한 잔을 주는 사람은 그가 받을 상을 잃지 않을 것이다"(마태 10,41-42 참조)라고도 하십니다. 5. 그렇다면 이는 결코 잃어버려서는 안 되는 유일한 상입니다. "불의한 재물로 친구들을 만들어라. 그래서 재물들이 없어질 때에 그들이 너희를 영원한 거처로 맞아

들이게 하여라"(루카 16,9). 6. 따라서 사람이 소유물들을 오로지 그 자신의 개인적 이익을 위해 소유하고 그것들을 곤궁한 이들을 위한 공익적 사용(사도 4,32 참조)에 내놓지 않을 경우, 모든 소유물은 본성상 불의하다고 그분께서는 단언하십니다. 그러나 이 불의(한 소유물들)로 구원을 가져오는 의로운 행위를 실천할 수 있습니다. 곧, 아버지 곁에 영원한 거처를 지닌 이들 가운데 하나를 구제할 수 있습니다. 7. 그분의 명령은 당신이 요청을 받거나 요청으로 시달릴 때까지 기다리라는 것이 아닙니다. 오히려 당신이 도와줄 수 있는 사람들, 구원자의 제자로 손색이 없는 사람들을 찾아 나서야 한다고 명령하십니다. 무엇보다 이 점에 주목하십시오. 8. "하느님께서는 기쁘게 주는 이들을 사랑하십니다"(2코린 9,7 참조)라는 사도의 말도 유익합니다. 또한 주는 것을 기뻐하는 이(2코린 9,7 참조), 적게 거두어들이는 일이 없도록 많이 뿌리는 이(2코린 9,6 참조), 투덜거리거나(필리 2,14 참조) 따지거나[56] 마지못해서가 아니라(2코린 9,7 참조) 기꺼이 자기 재산을 나누는 이를 사랑하십니다. 이것이 진정한 친절입니다. 9. 한데 이보다 더 좋은 것은 주님께서 다른 곳에서 말씀하신 이런 것입니다. "달라고 하면 누구에게나 주어라"(루카 6,30). 그런 아낌

없는 마음씨는 진실로 하느님에게서 옵니다. 그러나 다음의 말씀이 이 모든 것보다 더 거룩합니다. 우리는 요청을 받을 때까지 기다리지 말고, 도움을 받을 자격이 있는 이들을 스스로 찾아 나서야 하며,[57] 그런 다음에 우리의 나눔에 대한 매우 큰 상, 곧 영원한 거처를 받으리라는 것입니다.

32.1. 얼마나 멋진 거래입니까! 얼마나 거룩한 사업입니까! 당신은 돈으로 불멸을 사는 것입니다. 이 세상의 사라지는 것들을 주고 그 대신에 하늘에 영원한 거주지를 받습니다. 2. 부자여, 당신이 지혜롭다면, 이 시장[58]을 향하여 출범하십시오. 필요하다면 온 땅을 돌아다니십시오(마태 23,15 참조).[59] 이 땅에서 하늘 나라를 사려는 것이니, 위험도 수고도 마다하지 마십시오. 3. 반짝이는 보석들과 취옥, 화재의 연료가 되는 집이나 시간을 보내기 위한 장난감,[60] 잔혹한 경기, 오만한 폭군의 괴팍한 기분을 맞추어 주는 것에 왜 그렇게 열광합니까? 4. 하늘에서 하느님과 함께 살며 다스리는 것을 갈망하십시오. 하느님을 본받는 사람이 이 나라를 당신에게 줄 것입니다. 이승에서 조금이라도 받았다면 그분께서는 저승에서 당신을 모든 시대 내내 집안사람으로 삼으실 것입니

다. 5. 그분께 받아 달라고 청하십시오. 그분께서 당신을 퇴짜 놓지 않으실까 걱정하며 서둘러 온 힘을 기울이십시오. 그분께서는 받으라는 명령을 받으신 바 없지만 당신은 주라는 명령을 받았기 때문입니다. 6. 게다가, 주님께서는 "주어라" 또는 "제공하라" 또는 "이익이 되게 하라" 또는 "도와주어라"라고 말씀하시지 않고 "친구를 만들어라"(루카 16,9 참조)라고 말씀하셨습니다. 친구는 선물 하나로가 아니라 완전한 구제와 오랜 교제로 만들어지는 것입니다. 믿음도 사랑도 인내도 하루에 완성되는 일이 아닙니다. "끝까지 견디는 이는 구원을 받을 것입니다"(마태 10,22; 마르 13,13).

33.1. 그러면 사람은 이런 선물들을 어떻게 줍니까? 주님께서는 이 사람에 대한 당신의 존중, 호의, 긴밀한 관계 때문에 그것들을 주십니다. "나는 내 친구들뿐 아니라 내 친구들의 친구들에게도 줄 것이다."[61] 2. 하느님의 이 친구는 누구입니까? 누가 친구 자격이 있고 없는지 스스로 결정하지 마십시오. 당신이 전적으로 잘못 생각할 수도 있기 때문입니다. 몰라서 확신할 수 없을 때에는, 덜 선한 이들에 대한 경계심 때문에 덕성스러운 이들에게 아예 빛을 비추지 않는 것보다,

자격 있는 이들을 위하여 자격 없는 이들에게도 선행을 베푸는 편이 낫습니다. 3. 당신이 인색하게 굴며, 누가 은혜를 입을 자격이 있고 없는지 시험하다가, 하느님께서 사랑하시는 어떤 이들을 소홀히 할 수 있습니다. 이에 대한 응보는 불에 의한 영원한 벌입니다. 그러나 궁핍한 모든 이에게 차례차례 아낌없이 준다면, 당신은 하느님과 함께 당신을 구원할 수 있는 이들 가운데 한 사람을 틀림없이 발견할 것입니다. 4. "남을 심판하지 마라. 그래야 너희도 심판받지 않는다. 너희가 되질하는 바로 그 되로 너희도 되받을 것이다. 누르고 흔들어서 넘치도록 후하게 되어 너에게 되돌려 주실 것이다."[62] 5. 하느님의 제자들로 기록된 모든 이에게 마음을 여십시오. 그들의 육체를 경멸하는 눈으로 보지도 말고, 그들의 나이 때문에 냉담한 태도를 보이지도 마십시오. 어떤 사람이 곤궁하거나 초라하게 입었거나 볼품없거나 허약하게 보일지라도, 불쾌하게 여기지 말고 외면하지 마십시오. 6. 이는, 우리가 이 보편적 학교에서 우리의 자리를 차지할 수 있게 하기 위하여 이 세상에 들어갈 수 있도록 바깥에서 우리 주위에 던져 놓은 모습입니다. 그러나 그 안에는 아버지와, 우리를 위해 죽으시고 우리와 함께 일어나신[63] 그분의 아드님께서 숨어 계십니다.

34.1. 겉으로 보이는 이 모습은 죽음과 악마를 속입니다. 왜냐하면 내적인 부와 아름다움은 죽음과 악마에게는 보이지 않기 때문입니다. 그것들은 보잘것없는 육에 대해서는 약하다고 경멸하며 격노하는 반면, 내적 소유물을 알아보는 눈은 멀어서 우리가 "질그릇 속에" 얼마나 큰 "보물"(2코린 4,7 참조)을 지니고 있는지 알지 못합니다. 이 보물은 하느님 아버지의 힘과 하느님 아들의 피와 성령의 이슬로 튼튼해진 보물입니다. 2. 그러나 진리를 맛보고 위대한 구원에 합당하다고 여겨진 당신은 속지 마십시오. 다른 사람들과 달리, 무기도 없고 전쟁도 벌이지 않으며 피로 더러워지지도 않고 분노도 없으며 얼룩도 없는 군대에 입대하십시오. 하느님을 경외하는 노인들, 하느님께서 사랑하시는 고아들, 온화함으로 무장한 과부들, 사랑으로 꾸며진 사람들로 이루어진 군대에 입대하십시오. 3. 당신의 부로 그러한 사람들을 당신 육체와 영혼의 경비병으로 얻으십시오. 그들의 지휘관은 하느님이십니다. 그들 덕분에, 침몰하는 배가 떠오르고 거룩한 이들의 기도로만 조종되며, 생사의 고비에 이른 병이 누

그러지고 안수로 완전히 사라지며, 강도들의 공격은 해를 끼치지 못하고 경건한 기도로 무장이 해제되며, 악마들의 폭력은 기진맥진해지고 신뢰할 수 있는 명령으로 무력하게 됩니다.

35.1. 이 모든 이들은 실제 동원할 수 있는 군인이고 믿을 만한 경비병으로서, 아무도 게으르지 않고 아무도 쓸모없지 않습니다. 어떤 사람은 하느님께 당신의 생명을 구해 달라 청할 수 있고, 어떤 사람은 당신이 아플 때 기운 나게 할 수 있으며, 어떤 사람은 만물의 주님 앞에서 당신을 위해 동정심으로 울고 탄식할 수 있으며, 어떤 사람은 구원에 유익한 것의 일부분을 가르칠 수 있고, 어떤 사람은 거리낌 없이 경고할 수 있으며, 어떤 사람은 친구처럼 조언해 줄 수 있고, 모든 이가 거짓이나 두려움, 위선, 아첨이나 가식 없이 당신을 진실로 사랑할 수 있습니다. 2. 사랑하는 친구들이 해 주는 얼마나 아름다운 일들입니까! 기운을 북돋워 주는 사람들의 얼마나 복된 직무 수행입니까! 하느님만을 경외하는 이들의 얼마나 순수한 믿음입니까! 거짓을 말할 수 없는 이들의 말은 얼마나 진실합니까! 하느님께 봉사하고 (기도로) 하느님

의 마음을 녹이며, 하느님을 기쁘게 하려고 결심한 이들의 행위는 얼마나 아름답습니까! 그들은 당신의 육이 아니라 저마다 자신의 영혼을 만지는 것 같으며, 어떤 형제가 아니라 당신 안에 사시는 "영원한 임금"(1티모 1,17)과 말하는 것 같습니다.

36.1. 그러므로 모든 신자들은 고귀하고 신과 같으며, 그들이 왕관처럼 지니는 (그리스도인이라는) 명칭에 합당합니다. 그럼에도 선택된 이들보다 더 확실히 선택된 어떤 사람들이 이미 있습니다.[64] 그들은 눈에 덜 뜨이는 것에 비해 더 확실히 선택되었습니다. 이들은 말하자면 세상의 파도에서 스스로 걸어 나와 안전한 곳으로 물러가는 사람들입니다. 그들은 거룩하게 보이는 것을 원하지 않으며, 누가 자신들을 그렇게 부르면 부끄럽게 느낍니다. 그들은 이루 말할 수 없는(1베드 1,8 참조) 신비들을 그들의 깊은 정신 안에 숨기고 있으며 세상에서 자신의 고귀한 본성이 드러나는 것을 경멸합니다. 그들은 로고스께서 "세상의 빛"(마태 5,14)과 "세상의 소금"(마태 5,13)이라고 부르시는 이들입니다. 2. 이는 씨앗이며, 하느님의 모상이자 유사함(창세 1,26 참조)이며, 말하자면

아버지의 숭고한 구원 계획과 적절한 선택으로 일종의 낯선 곳에서 봉사를 하도록 이 세상에 파견된, 하느님의 착실한 아들(참조: 1티모 1,2; 티토 1,4)이자 상속자(로마 8,17 참조)입니다. 3. 그를 위해 세상의 보이는 것들과 보이지 않는 것들이, 더러는 그에게 봉사하도록, 더러는 그의 훈련을 받도록, 더러는 그의 가르침을 받도록 창조되었습니다. 씨앗이 세상에 남아 있는 한 모든 것은 보존되어 있습니다. 그러나 씨앗이 모아들여지면(마태 3,12 참조) 모든 것이 곧바로 해체될 것입니다(2베드 3,10 참조).[65]

37.1. 그 밖에 무엇이 필요합니까? 사랑의 신비들을 보십시오. 그러면 당신은 외아들 하느님께서만 선포하신(요한 1,18 참조) 아버지의 품을 볼 것입니다. 하느님 자신도 사랑이시며(1요한 4,8.16 참조) 사랑 때문에 그분께서는 우리에게 보이는 분이 되셨습니다. 2. 그분의 형언할 길 없는 부분은 아버지이며, 우리를 동정하는 부분은 어머니이십니다.[66] 아버지께서는 당신의 사랑 때문에 여성의 본성을 취하셨습니다. 이에 관한 명백한 증거는 그분께서 낳으신 아들입니다. 사랑으로 태어난 열매는 사랑입니다. 3. 이는 아드님께서 몸소 세상에

오신 이유이며, 인간의 모습을 취하신 까닭이고 인간의 운명을 기꺼이 견디신 이유입니다. 그분께서는 우리를 사랑하시어(요한 13,1 참조) 당신을 약한 우리에게 맞추신 뒤, 거꾸로 당신 자신의 힘에 우리를 맞추셨습니다. 4. 그분께서는 자신을 몸값으로 내놓으시고 제물로 바쳐지고 있을[67] 때, 우리에게 새로운 유언을 남기셨습니다. "내가 너희에게 새 계명을 준다"(요한 13,34). 이는 어떤 사랑이며 얼마나 큰 사랑입니까! 우리 각자를 위해 그분께서는 온 세상의 가치와 맞먹는 목숨을 내놓으셨습니다. 그 대신에 그분께서는 우리에게 서로를 위해 목숨을 내놓을 것을 요구하십니다(요한 15,13 참조). 5. 우리가 우리의 목숨을 형제들에게 빚지고 있으며 구원자와의 그런 상호 계약을 인정한다면, 보잘것없고 우리의 참된 본질에 낯설며 덧없는 이 세상의 것들을 우리가 여전히 창고에 보관하고 창고 문을 잠가야 하겠습니까? 얼마 뒤 불타 없어질 것을 서로 주지 말아야 하겠습니까? 6. 요한의 이 말은 참으로 거룩하고 영감을 받은 말입니다. "자기 형제를 사랑하지 않는 사람은 살인자이며"(1요한 3,15 참조) 카인의 자손이고 마귀의 후예입니다. 그런 사람은 하느님의 자비로운 마음을 지니고 있지 않으며 더 좋은 것들에 대한 희망을 지니고 있지 않습니다. 그는 자손이 없고 자식이 없으며, 영원히 살아 있는 천상 포도나무의 가지가 아닙니다. 그가 잘려 나가는 동시에 불이 그를 기다리고 있습니다(요한 15,5-6 참조).

38.1. 그러나 당신은 바오로가 보여 주는, 구원에 이르는 "더욱 뛰어난 길"(1코린 12,31)을 배우십시오. "사랑은 자기 이익을 추구하지 않고"(1코린 13,5) 형제에게 아낌없이 줍니다. 사랑은 그런 이의 가슴을 몹시 두근거리게 하며, 그로 하여금 분별 있게 갈망하게 합니다. 2. "사랑은 많은 죄를 덮어 줍니다"(1베드 4,8). 완전한 사랑은 두려움을 쫓아냅니다(1요한 4,18). "사랑은 뽐내지 않으며 교만하지 않습니다"(1코린 13,4). "사랑은 불의를 기뻐하지 않고 진실을 두고 함께 기뻐합니다. 사랑은 모든 것을 덮어 주고 모든 것을 믿으며 모든 것을 바라고 모든 것을 견디어 냅니다. 사랑은 언제까지나 스러지지 않습니다. 예언도 없어지고 신령한 언어도 그치고"(1코린 13,6-8) 치유도 끝납니다. 그러나 이 세 가지, 믿음과 희망과 사랑은 남아 있습니다. 그 가운데서도 으뜸은 사랑입니다(1코린 13,13 참조). 3. [이는] 당연합니다. 우리가 하느님을 우리 자신의 눈으로 보고 확신하게 되면 믿음은 완성된 것입니

다. 우리가 희망한 것이 실현되면 희망은 완성된 것입니다. 그러나 사랑은 우리와 함께 하느님의 완전한 현존 속으로 들어가며, 완성되고 난 뒤 점점 더 커집니다. 4. 어떤 사람이 죄 중에 태어났고(요한 9,34 참조) 금지된 많은 행위를 했을지라도, 그가 자기 영혼 안에 사랑을 불어넣으면, 그는 사랑을 늘림으로써 그리고 진정으로 후회함으로써 자신의 잘못들을 돌이킬 수 있습니다. 5. 하늘에 자리가 없는 부자가 누구인지, 그리고 사람이 재물을 어떤 식으로 사용해야 하는지 당신이 이해했다고 우리는 믿고 싶습니다. (**39.1.**) 이는 당신이 부로 야기된 비난과 어려움을 통해 생명에 이르는 길로 나아가고, 영원히 좋은 것들을 누릴 수 있게 하려는 것입니다. 그러한 부자가 [세례의] 봉인[68]과 구원[69] 이후에 무지나 나약함 또는 이러저러한 상황 때문에 어떤 죄나 죄악에 빠져 그러한 것들에 완전히 굴복하게 되었더라도, 당신은 그 사람이 하느님에 의해 철저히 단죄되었다고 절망하고 낙담하는 비관적 생각에 빠지지 마십시오. 2. 실제로 온 마음으로 하느님께 돌아서는 모든 사람에게 문들은 열려 있으며, 매우 기뻐하는 아버지께서는 진실로 참회하는 아들을 받아들이십니다(루카 15,23-24 참조). 참된 참회는 더 이상 같은 잘못을 저지르지 않는 것이 아니라, 인간에게 죽음을 선고하는 죄를 영혼에서 완전히 뿌리 뽑는 것입니다. 이 죄들이 없어지면 하느님께서는 다시 한 번 당신 안에 들어가시어 당신과 함께 사실 것입니다. 3. 그분께서는, 죄인 한 사람이 돌아서고 회개하면, 하늘에 계시는 아버지와 천사들에게 말할 수 없이 기쁜 큰 잔치가 벌어진다고 말씀하십니다(루카 15,7.10 참조). 4. 그래서 그분께서는 "내가 바라는 것은 희생 제물이 아니라 자비다"(마태 9,13; 12,7), 내가 바라는 것은 죄인의 죽음이 아니라 회개다(에제 18,23 참조), "너희의 죄가 진홍빛 같지만 나는 그것을 눈같이 희게 하고, 어둠보다 더 검지만 그것을 깨끗이 하고 흰 양털로 만들겠다"(이사 1,18 참조)라고 하십니다. 5. 하느님 홀로 죄를 용서하고(참조: 마르 2,7; 루카 5,21) 잘못들을 따지지 않으실(2코린 5,19) 수 있기 때문입니다. 그러나 주님께서는 우리에게는 형제들이 회개하면 그들을 매일 용서하라고 권고하십니다(루카 17,3-4 참조). 6. 악한 우리도 좋은 선물들을 줄 줄 안다면(참조: 마태 7,11; 루카 11,13), "인자하신 아버지"(2코린 1,3)께서는 얼마나 더 많이 주시겠습니까? 동정심이 크시고(야고 5,11 참조) 너그러우시며(참조: 탈출 34,6; 시편 86,15) "모든 위로"(2코린 1,3)의 아버지이신 선하신 분께서는 본디

분노에 더디십니다. 그분은 당신께 돌아서는 이들을 기다리고 계십니다. 진실로 그분께 돌아서는 것은 죄짓는 것을 그만두고 더 이상 돌아보지 않는 것입니다(루카 9,62 참조).

40.1. 따라서 이미 지은 죄들에 관해선 하느님께서 용서하시지만, 앞으로 지을 죄들에 관해선 각 사람이 받을 용서를 스스로 마련합니다. 과거의 행위들을 단죄하고, 성부께서 그 행위들을 잊어 주시기를 청하는 것이 회개입니다. 만물의 성부께서만 이미 행해진 것을 행해지지 않은 것으로 만드실 수 있으며 당신의 자비와 성령의 이슬로 우리가 이전에 지은 죄들을 씻어 내실 수 있습니다. 2. 그분께서는 "내가 너희를 발견하는 곳이 어디든지 그곳에서 나는 너희를 심판할 것이다"[70]라고 말씀하십니다. 그리고 각 단계마다 그분께서는 만물의 종말을 선언하십니다(1베드 4,7 참조). 3. 따라서 어떤 사람이 자신의 생애 동안 더없이 위대한 일들을 성실하게 행했다 할지라도 마지막에 악이라는 그릇된 길에 들어섰다면, 그가 이전에 애쓴 모든 것은 쓸모가 없습니다(지혜 3,11 참조). 그가 극적인 사건이 전개되는 전환점[71]에서 시합을 포기했기 때문입니다. 반면에, 처음에 품행이 좋지 않고 경박

한 삶을 살았던 사람이 그 뒤에 회개한다면, 오래 지속된 사악한 품행을 회개한 뒤 남아 있는 시간으로 완전히 씻어 낼 수 있습니다(에제 18,21-24 참조). 4. 그러나 이 경우, 오래 병을 앓아 약해진 육체에는 치료와 특별한 보살핌이 필요하듯이, 상당한 돌봄이 필요합니다. 5. 도둑인 당신은 용서받기를 원합니까? 더 이상 도둑질을 하지 마십시오(에페 4,28 참조). 간통자는 더 이상 욕정을 불태우지 마십시오(1코린 7,9 참조). 간음자는 앞으로 정숙하십시오. 착취자는 착취한 것을 이자를 붙여 돌려주십시오(루카 19,8 참조). 거짓 증언자는 진리를 말하려고 애쓰십시오. 거짓 맹세자는 더 이상 맹세하지 마십시오. 그 밖에도 열망과 분노, 욕정, 슬픔, 두려움을 억제하십시오. 그래야 당신이 죽을 때, 당신 원수와 여기 이 세상에서 이미 화해했다고 여겨질 수 있습니다(참조: 마태 5,25; 루카 12,58). 6. 그런데 우리와 함께 자란 열망들을 모두 즉시 뿌리째 뽑는 것은 아마도 불가능할 터이지만, 하느님의 힘, 인간의 간청, 형제들의 도움, 진정한 회오, 끊임없는 실천으로 성공할 수 있습니다.

41.1. 따라서 거만하고 권력 있으며 부유한 당신은 자신을

위해 하느님의 사람을 훈련자요 키잡이로 삼는 것이 반드시 필요합니다. 아무쪼록 당신이 존경하고 두려워하는 사람, 늘 당신을 위해 일하지만 당신에게 거리낌 없이 말하고 당신을 엄하게 훈계해도 당신이 절로 귀 기울이게 되는 사람을 곁에 두십시오. 2. 눈이 평생 아무런 자극도 받지 않는 것은 좋지 않습니다. 오히려 때때로 울고 따끔따끔 쓰려야 눈 건강에 더 좋습니다. 3. 또한 끊임없는 쾌락보다 영혼을 더 파멸로 기울게 하는 것은 없습니다. 영혼이 솔직한 말에 대해 완강하게 계속 저항하면, 영혼은 자신을 약하게 하는 쾌락의 영향으로 눈멀게 됩니다. 4. 이 사람이 화나 있으면 그를 두려워하고, 그가 탄식하면 슬퍼하십시오(히브 13,17 참조). 그가 노여워하고 있으면 그를 존경하고, 그가 벌을 받지 않도록 청하기 전에 먼저 그 청을 들어주십시오. 5. 그가 당신의 관심사를 하느님 앞에 전하고 끊임없는 간청으로 아버지의 마음을 움직이도록, 당신을 위해 많은 밤을 자지 않고 지내게 하십시오(히브 13,17 참조). 하느님께서는 당신 자녀들이 자비를 청할 때 그것을 거부하지 않으시기 때문입니다. 6. 당신이 이 사람을 하느님의 천사처럼 진정으로 존경하고 어떤 일로도 그를 슬프게 하지 않는다면, 그는 당신만을 위해 자비를 청할 것입니다. 이것이 진실한 회개입니다. 7. "하느님은 우롱당하실 분이 아니십니다"(갈라 6,7). 또한 하느님께서는 헛된 말을 염두에 두지도 않으십니다. 그분만이 마음속 가장 깊은 곳을 살피시며(참조: 히브 4,12; 예레 17,10; 시편 7,10; 묵시 2,23), 불 속에 있는 이들에게 귀 기울이시고(다니 3장 참조) 고래 배 안에서 탄원하는 사람들의 기도를 들으시기(요나 2장 참조) 때문입니다. 그분은 믿는 이들 모두에게 가까이 계시지만, 회개하지 않는 불경한 사람들에게서는 멀리 계십니다.

42.1.[72] 당신이 이와 같이 진실로 회개했다면, 한낱 옛이야기가 아니라 요한 사도에 관해 전해지고 기억으로 보존되고 있는 참된 이야기를 들으십시오. 이는 당신의 구원에 관해 믿을 수 있는 희망이 있다는 점을 당신에게 확신시켜 주는 이야기입니다. 2. 독재자[73]가 죽은 뒤 요한은 파트모스섬에서 에페소로 갔으며, (공동체의) 요청이 있을 경우 인접한 이방인들의 지역을 여행하곤 했습니다. 그는 어떤 곳에서는 주교들을 임명하였고, 어떤 곳에서는 공동체 전체를 추슬렀으며, 어떤 곳에서는 성령이 권고하는 이들 가운데 어떤 사람을 교직자[74]로 임명했습니다. 3. 그가 멀지 않은 도시들 가

운데 한 곳을 방문했습니다. 이곳[75]의 이름을 알려 주는 이들도 있습니다. 그곳에서 그는 이러저러한 일들에 관해 형제들을 안심시켰습니다. 마지막으로 그는 당당한 체격에 매력적인 외모와 정열적인 기질을 지닌 청년을 보고는, 그곳의 주교를 맡고 있는 이를 바라보며 말했습니다. "나는 주교님께서 이 청년을 돌보아 주시기를 증인인 교회와 그리스도 앞에서 매우 간곡히 부탁드립니다." 주교는 이 부탁을 받아들였고 모든 것을 약속했기 때문에, 사도는 다시 한 번 같은 말을 힘주어 말하고 확답을 받았습니다. 4. 그러고 나서 사도는 에페소로 돌아갔습니다. 장로[76]는 자신에게 맡겨진 청년을 자기 집에 묵게 하고 그를 가르쳤으며, 그를 보호하고 소중히 보살피다 마침내 세례로 그를 교화했습니다. 그 뒤로 그는, 청년에게 완전한 보호 수단, 곧 주님의 봉인[77]을 넘겨주었다고 생각하여, 자신의 특별한 돌봄과 후견인 역할을 게을리했습니다. 5. 그러나 청년은 너무 빨리 자유를 얻었습니다. 악행에 물들어 있는 게으르고 방탕한 또래 친구들이 그의 파멸에 한몫했습니다. 그들은 처음에 호사스러운 연회로 그를 유혹했습니다. 그다음에는 밤에 강도질을 하러 나갈 때에도 그를 데리고 갔습니다. 마침내 그들은 더 나쁜 행위에도 함께하자고 강요했습니다. 6. 그는 점차 그들의 삶에 익숙해졌습니다. 곧은길에서 벗어나고 사납게 날뛰어 길들이기 어렵고 힘센 말처럼, 그는 자신의 열정적인 본성 때문에 더욱더 맹렬하게 심연을 향해 돌진했습니다. 7. 하느님 안에서 구원받을 수 있다는 희망을 전적으로 포기하였기 때문에 그는 가벼운 죄를 짓는 것에 더 이상 고민하지 않았으며, 자신이 결국 파멸했다고 여겨 어떤 훌륭한 것을 하려고 결심하지 않았으며 다른 이들과 같은 벌을 받으리라 생각했습니다. 그래서 그는 바로 이 사람들을 데리고 강도단을 조직했습니다. 이 강도단에서 그는 준비가 되어 있는 두목이었으며 가장 난폭하고 가장 피에 굶주렸으며 가장 잔인했습니다. 8. 세월이 얼마간 지나, 그 교회에 요한을 다시 초청할 일이 생겼습니다. 요한은 자신이 온 목적과 관련된 일들을 처리하고 나서 이렇게 말했습니다. "그런데요, 주교님, 그리스도와 제가 당신이 감독하는 교회 앞에서, 그리고 교회를 증인으로 삼아 관리해 달라고 맡긴 것을 우리에게 돌려주십시오." 9. 주교는 자신이 받지도 않은 돈 때문에 억울하게 기소되었다고 생각하여, 처음에는 놀랐습니다. 그는 자신이 소유하지도 않은 것 때문에 기소된 사실을 믿을 수 없었고 요한의 말을 믿지 않을 수도 없었습니다. 그러나 요한이 "제가 돌려 달라고 요구하는 것은 청년과 우리 형제의 영혼입니다"라고 말하자 노인은 깊은 한숨을 쉬면서 눈물까지 흘렸습니다. 주교는 "그 청년은 죽었습니다"라고 말했습니다. "어떻게 어떤 식으로 죽었습니까?" "그는 하느님에 대해 죽었습니다.[78] 그는 사악하고 타락한 사람, 한마디로 말해 강도가 되었습니다. 그는 이제 교회를 저버리고 그 자신과 같은 사람들 무리와 함께 산간 지역으로 들어갔습니다"라고 주교는 대답했습니다. 10. 사도는 자기 옷을 찢고 크게 탄식하며 머리를 치면서 말했습니다. "나는 우리 형제 영혼의 뛰어난 보호자를 뒤에 남기고 떠났건만! 즉시 제게 말을 마련해 주시고 길을 안내할 수 있는 사람을 붙여 주십시오." 그는 왔을 때처럼, 곧바로 말을 타고 교회를 떠났습니다. 11. 사도가 목적지에 이르렀을 때 망을 보던 강도들에게 사로잡혔습니다. 그는 도망치거나 간청하려 하지 않고 오히려 "내가 이 때문에 여기에 왔다. 너희 두목을 내게 데려오너라" 하고 외쳤습니다. 12. 두목은 자신이 하던 대로 무장을 하고 잠시 동안 그들을 기다렸습니다. 그는 요한이 다가오는 것을 알아보고 부끄러워 도망쳤습니다. 요한은 자신의 나이도 잊은 채 온 힘을 다해 그를 쫓아가면서 외쳤습니다. 13. "애야, 너는 왜 나에게서, 네 아버지에게서, 무장하지 않은 이에게서, 노인네에게서 달아나느냐? 애야, 나를 불쌍히 여겨다오. 두려워하지 마라. 너에게는 아직도 생명의 희망이 있다. 나는 너를 위해 그리스도께 셈을 치르겠다(히브 13,17 참조). 필요하다면, 주님께서 우리를 위해 죽으신 것처럼 나도 네가 받을 죽음이라는 벌을 기꺼이 받겠다. 내가 너를 위해 나 자신의 생명을 바치겠다. 서거라! 믿어라! 그리스도께서 나를 보내셨다." 14. 이 말을 듣고 청년은 처음에는 가만히 서서 아래를 내려다보았습니다. 그러더니 무기를 던져 버렸습니다. 그리고는 떨면서 슬피 울기 시작했습니다(참조: 마태 26,75; 루카 22,62). 노인이 청년에게 다가가 껴안자 청년은 탄식하면서 온 힘을 기울여 변명했으며 자신의 눈물로 두 번째 세례를 받았습니다. 그때 그는 자신의 오른손은 숨겼습니다.[79] 15. 그러나 요한은 청년의 죄가 구원자에게 용서받았다는 사실을 스스로 보증하고 장중하게 확신하였습니다. 요한은 무릎을 꿇고 기도하고는 청년이 회개로 깨끗하게 되었다는 듯이 바로 그의 오른손에 부드럽게 입맞춤을 했습니다. 그러고 나서 그를 교회로 데리고 갔습니다. 그는 많은 기도로 청년을 위해 중재하였고 지속적인 단식으로 그의 투쟁을 도왔으며, 마음을 울리는 많은 말로 청년의 정신을 부드럽게 매혹시켰습니다. 요한은 청년에게 교회(의 지도)를 맡기고서야 그곳을 떠났다고 합니다. 이로써 그는 참된 회개의 명확한 본보기, 재생의 분명한 증거, 가시적 부활의 기념비를 제공하였습니다.[80] 16. [천사들이] 빛나는 얼굴로 기뻐하고 찬양하는 노래를 부르며 하늘을 열면서 [청년을 맞이할 것입니다]. 그리고 그들 모두 앞에 구원자 자신이 그를 만나기 위해 오십니다. 그분은 당신 오른손을 흔들며 청년을 맞이하고, 그늘 없이 끊임없는 빛을 비추시며, 아버지의 품, 영원한 생명, 하늘 나라에 이르는 길로 인도하십니다. 17. 이와 관련해서 사람은 하느님과 하느님 제자들의 권위, 예언자들의 권위, 복음서들과 사도들의 말을 믿어야 합니다. 그가 그들과 함께 살고 그들의 말에 귀를 기울이며 그들의 행위들을 실행한다면, 그는 이 세상을 떠나는 바로 그 순간부터 가르침의 목적과 증거를 볼 것입니다. 18. 여기 이 세상에서 참회의 천사[81]를 받아들이는 사람은 육체를 떠날 때 참회할 일이 없을 것입니다. 또한 그는 구원자께서 당신의 영광 속에 천사의 무리와 함께 다가오시는 것을 볼 때 부끄러움을 당하지 않을 것입니다. 그는 불을 두려워하지 않습니다. 그러나 어떤 사람이 계속 죄를 지으며 쾌락 안에 남아 있기를 택하면, 여기 이 세상에서의 사치스런 생활을 영원한 생명보다 더 높게 평가하고, 구원자께서 용서하겠다고 나서실 때 그분을 외면한다면, 그는 더 이상 하느님도, 부도, 또 이전에 저지른 잘못도 탓할 수 없으며, 그 모든 책임은 자발적으로 파멸의 길을 가는 그 자신의 영혼에 있습니다. 19. 구원을 기대하고 진심으로 바라며 끈덕지고(루카 11,8 참조) 폭력적으로(마태 11,12 참조) 청하는 사람은 하늘에 계신 선하신 아버지에게서 참된 깨끗함과 변하지 않는 생명을 받을 것입니다. 20. 산 이들과 죽은 이들의 주님(로마 14,9 참조)이신 아들 예수 그리스도와 성령을 통하여 아버지께 영광과 영예와 권세와 영원한 위엄이 지금과 세세대대로 영원히 있기를 빕니다. 아멘.[82]

본문의 내용 개관

서론(1-3장)

1. 부자들에게 도움이 되는 것은 아첨이 아니라 기도와 가르침이다 (1장)

2. 부자들이 구원받기 어려운 근거(2장)

   2.1. 주님 말씀의 문자적 이해(마르 10,25)

   2.2. 주님 말씀의 올바른 이해

3. 그리스도인은 부자들에 대한 가르침을 배워야 한다(3장)

   3.1. 부자들의 낙담은 근거가 없다

   3.2. 부자들은 어떤 방식으로 구원받을 수 있는가?

주요부(4-38장)

1. "네가 가진 것을 팔아라"라는 주님 말씀의 의미(4-26장)

   1.1. 구원자의 도움을 바라는 기도(4,1-3)

   1.2. 마르 10,17-31에 따른 "부자 청년"에 관한 성경 구절(4,4-10)

   1.3. 복음서 말씀들을 더 깊이 이해할 필요성(5장)

   1.4. 그리스도는 인간의 스승이다 — 마르 10,17 풀이(6장)

1.5. 모든 가르침 가운데 가장 크고 중요한 가르침: 영원하고 선한 하느님에 대한 앎(7장)

1.6. 주님의 권고(8,1)

  1.6.1. 하느님을 알려고 애쓰다

  1.6.2. 구원자의 위대함과 그분의 은총을 이해하는 것

1.7. 모세 율법은 그리스도 은총의 준비다(8,2-9,2)

1.8. 도덕적 삶의 전제 조건인 인간의 자유의지 — 마태 19,21 풀이(10장)

1.9. "네가 가진 것을 팔아라"라는 말씀의 의미(11-19장)

  1.9.1. 외적 소유물을 포기하라는 요구가 아니다(11장)

  1.9.2. 영혼이 열망에서 자유로워야 한다는 요구(12장)

  1.9.3. 이 말씀을 문자적으로 이해하는 것은 주님의 다른 가르침이나 계명들과 모순된다(13장)

  1.9.4. 인간의 유익을 위해 하느님께서 주신 재물은 도덕적으로 선하지도 악하지도 않은 수단이요 거래의 도구다(14장)

  1.9.5. 영혼의 신심 상태에 의존하는 부의 도덕적 특성; 주님은 열망을 근절할 것을 요구한다(15장)

  1.9.6. 지금까지의 논증의 요약: 이 방식으로 자신의 부를 사용

하는 이는 "영으로 가난하다"(16장)

1.9.7. 자신의 영혼에 부를 지니고 있는 이는 하늘 나라를 갈망할 수 없다; 선한 보물과 악한 보물(17장)

1.9.8. 부와 가난의 영적 의미(18장)

1.9.9. 덕에 따른 부유함과 육에 따른 부유함: 주님 말씀의 새로운 의미(19장)

1.10. 부자 청년의 반응과 사도들의 두려움 — 마르 10,20과 10,26 풀이(20장)

1.11. 하느님께서는 진지하게 생명을 추구하는 사람을 도우신다 — 마르 10,27 풀이(21,1-3)

1.12. 베드로의 말 — 마르 10,28 풀이(21,4-7)

1.13. 우의적으로 해석되어야 하는 예수님의 다른 말씀들(22-23장)

1.14. 영원한 생명이 그 무엇보다 중요하다(24장)

1.15. "박해 가운데서 소유하다"라는 말씀의 의미 — 마르 10,30 풀이(25장)

1.16. 정직한 벌이와 소유는 비난받지 않는다 — 마르 10,31 풀이(26,1-6)

1.17. 낙타와 바늘귀(26,7-8)

2. 구원에 이르는 길

  2.1. 부의 올바른 사용(27,1-2)

  2.2. 하느님 사랑과 이웃 사랑(27,3-28장)

  2.3. 그리스도께서 우리의 이웃이시다(29장)

  2.4. 그리스도 사랑은 그분을 믿는 이들에 대한 사랑을 의미한다(30장)

  2.5. 가난한 이들은 예수님의 특별한 사랑 안에 있다(31,1-6)

  2.6. 부자는 요청하지 않은 이에게 주어야 한다(31,7-9)

  2.7. 선행의 보상은 영원한 생명이다(32장)

  2.8. 하느님의 친구인 가난한 이; 공평하게 행하는 선행(33-34장)

  2.9. 부자의 참된 협력자인 가난한 이(35장)

  2.10. 선택의 가장 높은 등급(36장)

  2.11. 구원에 이르는 뛰어난 길인 사랑(37-38장)

부록: 회개와 참회(39-42장)

1. 죄에 빠진 부자에게 구원의 길인 참회(39장)

2. 회개는 삶의 전면적인 변화다(40장)

3. 부자의 영혼을 인도해 줄 사람이 필요하다(41장)

4. 요한 사도와 강도(42장)

해제

1. 알렉산드리아의 클레멘스의 생애

티투스 플라비우스 클레멘스[1]의 생애, 곧 출생 연도, 출생 배경, 성장 과정, 알렉산드리아에서 교사로 활동한 정황, 사망 연도 등에 관해서는 정확하게 알려진 사실이 많지 않다. 그는 이교인 가정 출신[2]으로 140~150년경 아테네 또는 알렉산드리아에서 태어났다.[3] 순교자 유스티누스(100/110경~165)처럼 그는 당시 떠돌이 철학자들의 방식에 따라 로마제국에서 그리스어를 사용하는 거의 모든 지방, 곧 그리스와 남부 이탈리아, 시리아, 팔레스티나, 알렉산드리아로 교육 여행을 떠났다. 이 여행에서 그는 여러 스승한테서 이교 문학과 고전, 철학에 관한 교육을 받았다. 그리스에서는 이오니아인(아테나고라스로 추정), 남부 이탈리아에서는 시리아인과 이집트인, 동방에서는 아시리아인(타티아누스로 추정), 팔레스티나에서는 히브리인(개종한 유대인 또는 헤게시푸스로 추정)한테서 배웠다.[4]

마침내 180년 직전에 클레멘스는 이집트의 알렉산드리아에서 그리스도교로 개종한 스토아학파의 철학자[5] 판타이누스를 만났다. 판타이누스는 180년경 이곳에 철학적으로 신앙을 전파하는 그리스도교의 독립적인 철학 학교를 세웠다. 클레멘스는 이 학교에서 강의를 들었으며, 더 이상의 교육 여행을 중단하고 알렉산드리아에 정착하였다. 그는 후에 자신의 교육 여행을 회상하면서 당시 상당한 명성을 누린 판타이누스는 "예언자들과 사도들의 초원에 있는 꽃에서 꿀을 빨아 먹었으며, [그의] 강의를 듣는 이들의 영혼으로 하여금 순수한 영지를 깨닫게 한 시칠리아의 꿀벌"[6]이라고 칭송하였다. 당시 주민 수 100만 명[7]을 헤아리던 알렉산드리아는 로마제국에서 둘째 가는 대도시이자 로마제국이 멸망할 때까지 동방과 서방 사이에서 화물을 갈아 싣는 항구로, 제국 전체에서 가장 큰 상업 중심지이자 다양한 밀의종교, 여러 학파의 철학, 영지주의 운동이 공존한 교육과 문화의 중심지였다.[8] 지적인 분위기 때문에 그에게 제2의 고향이 된 이곳에서 클레멘스는 생애 대부분을 보냈다.

클레멘스가 언제 그리고 어떻게 그리스도인이 되었는지는 알려져 있지 않다. 그는 판타이누스와 또 그 이전의 다른 스승들을 통해 베드로와 야고보, 요한과 바오로의 사도 전통을 알게 되었다.[9] 따라서 클레멘스는 성인成人이 되어 여러 (그리스도인?) 스승들에게서 교육을 받으면서 그리스도교에 관한 더 깊은 지식을 얻었으며, 철학자로 플라톤주의에 관심을 기울이면서 그리스도교로 개종한 것 같다. 하지만 그가 알렉산드리아 그리스도교 공동체에서 어떤 공적인 직책을 맡았는지, 그가 장로단에 속했는지 그렇지 않은지는 남아 있는 저서들로는 확실하게 알 수 없다.

190년부터 클레멘스는 철학 학교에서 판타이누스의 동료이자 동반자로 활동했다. 그러다 200년이 되기 조금 전 판타이누스가 죽자, 클레멘스가 학교를 넘겨받았다. 본디 이 학교는 주교의 위탁으로 판타이누스가 설립한 예비신자를 위한 학교였으며, 판타이누스 다음으로 클레멘스가 학교의 책임자였다는 카이사리아의 에우세비우스의 견해[10]가 오래 전부터 받아들여져 왔다. 그러나 이러한 에우세비우스의 진술에도 불구하고 일부 학자는 판타이누스와 클레멘스가 이끈 학교는 일반적으로 예비신자들을 교육하지 않았으며, 교회의 특별한 위탁을 받지도 않은 것으로 여긴다. 오히려 당시 수사학자와 철학자들이 가르친 대부분의 학교처럼 사립학교라고 생각한다. 한편, 에우세비우스[11]는 오리게네스가 클레멘스의 제자였다고 한다. 오리게네스가 실제로 클레멘스의 제자였다면 그 시기는 틀림없이 17세 이전, 셉티미우스 세베루스가 일으킨 박해 이전이었을 것이다.[12] 그 이후엔

해제

박해의 위협 때문에 교리교육 강의를 맡은 이들이 모두 피신하여 알렉산드리아에 그리스도교 교사라곤 없었기[13] 때문이다.

클레멘스는 개인적으로 자유롭게 강의를 한 세속 설교가로 알렉산드리아의 부유하고 매우 교양 있는 지도층에게 그 자신이 진취적이며 참된 철학이라 믿는 그리스도교의 새로운 가르침을 선포하는 일에 헌신하였으며, 이 가르침을 실천하고 정식화하려고 플라톤과 스토아학파의 철학을 활용하였다. 그리스철학에 관한 그의 깊은 호감은 저서들이 전하는 정신적 표상에 결정적 영향을 미쳤다. 당시 교회의 많은 이들, 특히 단순한 신자들은 그리스철학에 상당한 의구심을 나타냈는데, 클레멘스는 "어린이들이 유령을 무서워하듯이 그들은 그리스철학을 무서워한다"[14]고 말하였다. 이와 달리 그에게 철학은 하느님께서 그리스인에게 보낸 선물,[15] 신적 섭리의 결과물,[16] 세상에서 활동하는 로고스의 일부분이었다. 철학은 율법서와 예언서처럼 그리스도교의 계시를 위한 준비이며,[17] 하느님의 구원 계획에 없어서는 안 되는 것이라고[18] 클레멘스는 생각하였다. 하지만 그에게 종교적 사상의 출발점은 당연히 성경이었다. 성경을 통해 "그는 교양 있는 이교인에게는 삶의 의미를 찾도록 하였으며, 그리스도인에게는 경건한 신앙생활의 실천을 넘어 신앙을 이성적으로 숙고하게 하였다".[19] 클레멘스의 주저인 『(이교인들을 위한) 권고』, 『교육자』, 『양탄자』[20]는 이들을 독자로 삼은 작품들이다. 이 저서들이 언제 쓰였는지는 불확실하다. 하지만 클레멘스가 『양탄자』 1,139-145에서 콤모두스 황제의 사망(192)에 이르기까지의 역사를 개괄하고 있는 것을 볼 때, 이 작품들은 셉티미우스 세베루스 황제(192~211) 시대에 저술했음이 틀림없다. 카이사리아의 에우세비우스의 『연대기』에 따르면 클레멘스의 전성기는 193년경이며, 그의 저서들은 202/203년 이전에 저술되었다. 따라서 클레멘스는 콤모두스와 셉티미우스 세베루스 치하인 2세기 마지막 10년 동안 알렉산드리아에서 주로 활약했다고 할 수 있다.

그의 말년에 관한 기록은 거의 남아 있지 않다. 그는 죽을 때까지 알렉산드리아에 머무르지는 않은 것으로 보인다. 202/203년 셉티미우스 세베루스 시대에 국가의 종교 정책이 바뀌어 박해가 일어났다. 박해 초기에 클레멘스는 박해 때문인지 아니면 또 다른 이유(주교와의 적대 관계)[21] 때문인지 알렉산드리아를 떠나야 했으며, 다시는 그곳으로 돌아오지 못한 것 같다. 그는 아마도 카파도키아/팔레스티나[22]의 카이사리아로 간 듯하며, 211년경에는 카이사리아의 주교 알렉산더가 안티오키아 공동체에 보내는 편지를 직접 들고 와 전했는데, 이 편지의 끝부분에 클레멘스에 관한 내용이 실려 있다. "친애하는 형제 여러분, 나는 클레멘스를 통해 이 편지를 여러분에게 보냅니다. 그는 복된 장로이며 덕망 있기로 정평이 난 사람입니다. 여러분은 이미 그를 알고 있지만 더 잘 알게 될 것입니다. 그는 주님의 뜻과 섭리에 따라 이곳에 머물면서 주님의 교회를 굳건히 하고 확대하였습니다."[23] 그 뒤 알렉산더는 놀라운 방식으로 예루살렘의 주교(212경)가 되었으며, 클레멘스는 사제로 얼마간 활동하다가 세상을 떠났다. 그가 사망한 연도와 상황에 관한 더 정확한 정보는 알려져 있지 않다. 알렉산더 주교가 215/216년경(다른 설에 따르면 221년 또는 231년)[24] 오리게네스에게 보낸 편지에서 판타이누스와 클레멘스를 "우리보다 앞서 돌아가신 분들"[25]로 꼽기 때문에 사망 연도를 대략적으로 추론할 수 있을 뿐이다. 일부 순교록에 그의 축일이 12월 4일로 기록되어 있지만 로마 순교록에는 그의 이름이 올라 있지 않다.

2. 초기 그리스도교의 부와 가난 이해

하느님께서 가난한 이들에게 특별한 호의를 보이신다는 것은 초기 교회에 널리 퍼진 확신이었다. 이는 유대교의 "가난한 이의 영성"과 예수의 종말론적 설교[26]에 바탕한 믿음이었다. 특히 '가난한 이'라는 낱말에서 유래한 초기 그리스도교의 엄격한 금욕주의적 분파인 에비온파[27] 전통에서 영향 받은 유대계 그리스도인들은 부와 그리스도인의 신념이 양립하지 않는다고 여겼다. 이러한 태도는 일반적으로 부는 세상과 연관이 있고 하느님께서 우리에게 요구하시는 것에 방해가 된다고 여겼기 때문이다.

140년경 쓰인 헤르마스의 참회 설교는 2세기에 급박하게 제기된 가난한 이와 부자의 문제, 그들 사이의 갈등과 긴장, 그리스도인의 재화 소유에 관한 문제를 다루고 있다. 로마에 살던 저자는 『목자』를 저술하기 전에는 부유했으며 사업상으로 경제적 손실을 겪은 뒤에도 많지는 않지만 자기 토지를 소유한 중소 자영업자였다. 헤르마스에 따르면 당시 로마 공동체의 가난한 이들은 생계를 유지할 수 없을 정도로 가난한 반면, 부자들은 부의 노예가 되어 구원받지 못할 상황에 있었다.[28] 더욱이 부자들 가운데 더러는 자신들의 행위 때문에 구원받을 수 없다고 생각하였다. 그들은 환난이나 어려움이 닥치면 믿음을 멀리하고, 경제적 성공이 사회적 명성을 높이는 길이라 여기는 이교인들과 교제하였기 때문이다.[29] 이 글에서 드러나는 부자에 대한 부정적 평가는 더 오래된 야고보 서간[30]과 일맥상통한다. 비슷한 내용이 50년 뒤 북아프리카에서 활동한 테르툴리아누스의 글에서도 보인다. 그는 하느님을 "부자들을 경멸하는 분", "가난한 이들의 대변자"[31]라고 부른다. 스스로 매우 가난하게 되신 그리스도께서는 "늘 가난한 이들은 의롭다고 단언하시는 반면 부자들은 처음부터 단죄하신다"[32]라고 말한다. 확실히 위의 저서들에는 원시 그리스도교·유대교의 가난한 이의 영성이 반영되고 있음을 알 수 있다.

헤르마스[33]도 그리스도인이 부와 소유물에 얽매이는 것이 도덕적으로 위험하며, 신앙을 위태롭게 한다고 여겼다.[34] 그러나 그가 부 자체를 부정적 시각으로 바라본 것은 아니었다. 부는 하느님께서 노동의 대가로 피조물에게 주신 것으로 보았기 때문이다.[35] 그는 기본적으로 필요한 것을 마련하기 위해 재산을 지니는 것은 정당하다고 여기면서, 물질적으로 부유하지만 영적으로는 매우 가난한 부자가 극심한 곤궁에 시달리는 이들을 자신의 재산으로 도와줌으로써 구원받을 수 있는 것을 바람직한 본보기로 제시한다. 그는 탑의 비유에서, 부자들이 탑을 쌓는 데 알맞지 않은 둥근 돌을 잘라 내지 않으면, 곧 재화를 올바르게 사용하지 않으면, 하느님께 쓸모없는 사람이 될 것이라고 분명히 말한다. "그들의 마음을 사로잡는 부를 잘라 낼 때 그들은 하느님께 쓸모가 있을 것이다. 둥근 돌이 잘리지 않고 자체의 어떤 부분을 내버리지 않으면 … 그들은 주님께 쓸모가 없다."[36] 나아가 헤르마스는 부자들이 남아 있는 재화로 선을 행할 수 있도록, 하느님께서 그들의 재화를 모두 없애지 않았다고 기술한다. "주님께서는 그들이 진리를 사랑하고, 계속 선을 행할 수 있다는 그들의 생각을 아셨을 때, 재물을 잘라 내도록 명하셨다. 그렇지만 완전히 없애게 하지 않으셨다. 이는 그들이 남아 있는 것으로 선을 행할 수 있게 하기 위함이었다."[37] 부의 가치는 사람들이 부와 재화를 올바로 사용할 때, 곧 곤궁에 시달리는 이들을 돕는 데 사용할 때, 또한 그들의 부와 재화가 하느님께서 주신 선물이라는 사실을 깨달아, 선을 행하는 도구로 사용할 때 비로소 드러난다는 것이다. 헤르

해제

마스는 재화의 궁극적인 목표가 가난한 이들을 위한 봉사라고 분명히 밝힌다. "너희가 주님께 이러한 봉사를 하도록 그분은 너희를 부유하게 만드셨다."[38]

다른 한편으로 헤르마스는 느릅나무와 포도나무에 관한 기발하고 인상적인 비유에서, 유대교의 보답 사상을 화제의 실마리로 삼으면서, 부자들과 가난한 이들의 상호 보완·공생적 요소를 강조한다.[39] 열매를 맺지 못하는 느릅나무(= 가난한 이)가 포도나무(= 부자)를 받쳐 주고, 건조한 시기에 포도나무가 열매를 맺도록 자신의 수액을 양분으로 공급하듯이, 가난한 이는 부자들을 위해 기도해야 하고 부자들은 가난한 이들을 도와주어야 한다. 곧, 부자들은 주님께서 주신 선물들을 가난한 이들을 위하여 사용하고 가난한 이들은 부자들을 위하여 기도함으로써, 부자들은 자신들의 영혼에 부족한 것을 채우고 가난한 이들은 자신들에게 부족한 부를 채운다는 것이다. 가난한 이의 청원 기도는 하느님께 큰 효력이 있기 때문이다. "이와 같이 가난한 이들도 부유한 이들을 위하여 주님께 기도하면 그들에게 부족한 부를 채우고, 거꾸로 부유한 이들도 가난한 이들이 필요로 하는 것을 돌보아 주면 자신들의 영혼을 채운다."[40]

부자의 구원에 관한 또 다른 논고인 『어떤 부자가 구원받는가?』는 클레멘스의 대중적 가르침 가운데 우리에게 남아 있는 유일한 작품이다. 설교 형식으로 쓰였지만 작품은 단 한 번에 구두로 전해지기에는 너무 긴 것 같다. 아마도 이 작품은 실제 설교를 보충하여 퇴고한 글일 수 있다. 이 작품에서 그가 설교한 대상은 부 때문에 상당히 양심의 갈등을 겪은 공동체 구성원인 알렉산드리아의 부자 그리스도인들인 것이 확실하다. "지금 나는 구원자의 권능과 그분 안에서 드러나는 구원을 알게 된 부자들에 관하여 말하고 있습니다. 아직 진리를 전해 받지 못한 이들은 제 관심 밖에 있습니다"(2,4). 하지만 이 논고가 "실질적인 공동체 설교"인지 또는 제자들이라는 제한된 청중 앞에서 행한 "영적 강연"인지는 확실하지 않다.

당시 알렉산드리아의 그리스도인 공동체에는 로마제국 다른 지방의 공동체보다 교양 있는 이들과 부자들이 더 많이 있었다. 이는 클레멘스의 저서들에서만 증언하는 사실이 아니다. 세계적인 도시이자 전 제국에서 자영업이 가장 번성한 상업 중심지, 헬레니즘 시대부터 교육과 문화의 중심지인 알렉산드리아에서 부자들의 "유일한 신은 돈이었다.

그리스도인도 유대인도 모든 이교인도 돈을 숭배하였다".[41] 이러한 상황에서 클레멘스는 사목자로서 부와 그리스도교의 조화에 관한 문제에 대해 의견을 표명해야 한다고 생각하였다. 이는 그에게 신학적 문제였을 것이다. 그래서 그는 마르코 복음서 10장 17-31절에 관한 긴 강해에서 구원의 가치로 가난을 절대화하는 것을 반대하며, 그리스도인이 지녀야 할 물질적 부에 대한 권리와 재화의 특성, 목적 등에 관한 문제를 상세하고 폭넓게 해명하려 하였다.

3. 「어떤 부자가 구원받는가?」 개요[42]

3.1. 구원에 대한 부자들의 오해와 그 해결책

클레멘스는 42장으로 구성된 이 작품을 서론과 주요부, 그리고 부록으로 구상하였다. 그는 4장 1절에서 본디의 문제를 본격적으로 시작하기 전에, 먼저 서론(1-3장)에서 부자들이 구원받기 위해서는 그리스도교의 가르침과 기도가 필요하다고 이야기한다. 그리스도교의 가르침에 따라 진리를 인식하거나 알고 이에 맞게 행동하는 사람은 — 인식이나 앎과 선행은 작품 전체의 바탕이 되는 본질적 요소다 — 영원한 생명이라는 상을 받는다는 것이다(1장). 하지만 부자들은 "낙타와 바늘귀"에 관한 예수의 말씀을 문자적으로 이해하여 자신들이 구원에서 배제되었다고 생각하고는 이 세상 일에 더욱더 몰두하게 되는 절망적 상황에 빠지게 된다(2장). 클레멘스는 부자들이 주님 말씀의 참된 의미를 이해함으로써 근거 없는 절망에서 벗어나야 하며(3,1), 이 가르침에 따른 행위와 결심을 통해 부자들이 희망하는 것을 누릴 수 있는 방법(3,2)을 제시하고자 한다. 서론을 마무리하는, 그리스도인을 경기자에 비유하는 해설은 이 두 요점을 부각시킨다.

  클레멘스는 절망에 빠지고 어려움에 처한 부자들의 문제는 주님의 말씀에서 희망을 찾을 수 있다고 확신한다. 이 성경 말씀은 다름 아닌 마르코 복음서 10장 17-31절에 나오는 부자 청년에 관한 이야기다. 클레멘스는 이를 탐구의 토대로 삼는다(4,3). 부자 청년이 들은, 부를 포기하라는 예수의 말씀은 문자적·육적 의미가 아니라 문자나 보고된 사실 배후에 더 깊은 의미가 숨어 있는 영적 의미 또는 우의적 의미[43]로 해석되어야 한다. "'하늘 나라에 들어가기 어려운 부자들'(마르 10,23 참조)에 관한 이 말씀을 우리는 제자들의 영 안에서 이해해야 합니다. 서투르게, 조잡하게 또는 문자 그대로 이해해서는 안 됩니다. 그것은 이렇게 말해진 것이 아니기 때문입니다"(18,1). 구원자께서는 결코 인간적인 방식이 아니라 늘 신적이고 신비에 찬 방식으로 말씀하시거나 가르치시기 때문이다. 이런 까닭에 우리는 그분의 말씀들을 육적으로 이해하지 말고, 그 안에 감추어진 의미를 탐구하려고 애써야 한다(5,2).

클레멘스는 예수께서 부자 청년에게 "네가 가진 것을 팔아라"라고 하신 말씀들을 본디의 주제로 이끈다(11장). 이 말씀들이 더 깊고 감추어진 의미를 지닌다는 점을 정확히 이해하지 못하고 슬퍼하면서 떠나간(20,1) 청년뿐 아니라 "이 말의 의미가 무엇인지?"라고 묻는 알렉산드리아의 부유한 그리스도인들에게도 예수의 언사는 적지 않은 근심거리였다. 클레멘스에 따르면 이 말씀은 결코 피상적으로 이해해서는 안 되며, 완전한 소유 포기에 관한 요구로 오해해서도 안 된다. 예수가 포기하라고 말하는 부는 영혼 안에서 싹트는 죄의 씨앗인 열망이라는 부이며, 돈 자체가 아니라 돈에 대한 사랑이다. 클레멘스는 부 때문에 어려움에 처한 "영혼에서 재물에 대한 생각, 재물에 대한 애착, 재물에 대한 지나친 욕망, 재물에 대한 병적인 불안, 재물에 대한 걱정"(11,2) 등을 몰아낼 것을 요구한다. 이것이 클레멘스가 알렉산드리아 공동체의 부자들에게 제시한 해결책이다. 이 해결책을 논증하고 뒷받침하며 신자들을 납득시키고자 하는 것이 클레멘스가 26장까지 전개하면서 추구하는 목표라 할 수 있다.

3.2. 그리스도교 가르침의 원칙

클레멘스는 본격적인 주석을 시작하면서 그리스도교 가르침의 가장 중요한 두 가지 원칙(7-8장)을 명시한다. 하나는, 하느님께서는 영원하시며 한 분이시고 재화의 수여자이시며 선하시다는 것을 아는 것, 다른 하나는, 구원자께서 위대하신 분이며 그분의 은총은 새롭다는 것을 이해하는 것이다. 두 번째 관점에서는 율법과 영원한 생명의 차이점이 비교된다(8,2-9,3). 이 단락을 살펴보면, 율법을 철저하게 실행하는 것만으로는 완전함에 이를 수 없었다. 왜냐하면 충실한 종인 모세를 통해 주어진 선물들은 참된 아들인 예수 그리스도를 통해 주어진 선물들에 비교할 수 없을 뿐 아니라, 율법은 준비하는 효력만 있으며 스스로 영원한 생명으로 이끌지 못하기 때문이다. 그렇지 않다면 구원자의 육화와 십자가 죽음은 헛일이었을 것이다. 율법의 계명은 그리스도에 의한 완성을 가르치기에 거룩하고, 그 행위들은 은총을 베푸시며 율법을 완성하는 그리스도께로 이끄는 기초적 가르침과 연관된 일종의 훈련이라는 점에서만 선하다. 따라서 그리스도는 부자 청년이 율법의 모든 계명을 지켰지만 아직 영원한 생명의 관점에서는 완전하지 않다고 말한다(10,1).

클레멘스에 따르면 재물의 목적은 구원과 영원한 생명을 얻는 것이다. 그는 주님의 말씀을 문자적으로 이해하여 재물을 외적으로 포기하는 것은 영원한 생명을 얻는 데에 아무런 도움이 되지 않는다고 강조한다. 재물의 외적 포기가 영원한 생명을 위해 행한 것이 아니라면 그 자체로는 "고귀하지도 추구할 만한 가치가 있는 일도 아니기"(11,3) 때문이다. 이러한 외적 포기는 그리스도교의 기쁜 소식만이 전하는 새롭고 유일한 내용이 아니다. 이교인들 가운데에도 더러는 "죽은 지혜"를 위하여, 더러는 공허한 명예욕에서 자기 재산을 버린 이가 많기 때문이다(11,4). 이전 시대의 사람들이 소유물을 포기한 것은 단지 외적 행위에 지나지 않는다. 그들은 오만하게 자신이 인간의 능력을 넘어서는 것을 행했다고 생각했기 때문에(12,2) 재물 포기를 통해 영혼의 열망을 오히려 더 키웠다. 하느님 아들의 새로운 가르침은 더 위대한 것, 더 신적인 것, 더 완전한 것이다(12,1). 이를 실천하기 위해서는 영혼의 열망, 곧 부에 대한 탐욕을 뿌리째 뽑아내야 한다고 클레멘스는 강조한다(11,2; 14,6).

나아가 클레멘스는 주님의 말씀을 문자적으로 이해하는 것은 궁극적으로 그리스도교 가르침의 정신에 부합하지 않는다는 점을, 부의 긍정적 관점⁴⁴에 대한 암시를 통해 입증한다. 곧, 극도의 궁핍은 "생각을 낮추지 않을 수 없게 하는" 반면, 풍부한 생필품은 생존 걱정에서 벗어나 더 고상한 것을 향하게 한다는 사실을 전제한다(12,5). 또한 부는, 곤궁한 사람들을 도울 수 있기 때문에 유익한 것으로 입증된다(13장). 재물을 소유하지 않는 것은 누구에게도 유익하지 않고 주님의 계명을 실행할 수 없기 때문에 재물 포기는 주님의 말씀을 올바로 이해한 것이 아니라 그에 배치된다는 점을 힘줘 말한다. "아무도 아무것도 소유하지 않는다면" 선행을 베풀거나 재물을 공유할 어떤 가능성도 남아 있을 수 없으며, 주님의 주요한 계명들도 더 이상 성취될 수 없다. 따라서 주님의 말씀을 자구적으로 이해하면 모순에 빠지게 된다(13,5).

14장에서는, 다른 사람에게도 유익할 수 있는 재산을 배척해서는 안 된다는 결론에 이른다. '소유물'이나 '재산'이라

해제

는 낱말의 의미가 이를 확증해 준다. 곧 '소유물'은 실제로 소유할 가치가 있기 때문에 '소유물'이라 불리고, '재산'은 특정한 일들을 할 수 있고 유익하며 인간의 유익을 위해 하느님에 의해 창조되었기 때문에 '재산'으로 불린다. 소유물이나 재산은 그 자체로 좋은 것도 나쁜 것도 아니다. 이러한 진술들은 도덕과 무관한 것을 자유의지로 좋게 또는 나쁘게 사용하는 사람에게 적용될 수 있다. 따라서 재화를 어떻게 사용하느냐가 결정적인 요소다. 이런 까닭에 단지 물질이자 도구인 재산을 올바르게 사용하는 것을 방해하는, 영혼 안에서 일어나는 부정적 열망[45]과 싸우는 것이 중요하다. 부는 하느님께서 주신 도구이며, 재산의 성격은 영혼이 이를 어떻게 사용하느냐에 따라 좌우된다. 따라서 포기 요구는 영혼의 열망들에 관련될 때에만 의미가 있다(19,3). 클레멘스는 위와 같은 첫 번째 논거를 이런 말로 끝낸다. "우리가 지닌 모든 것을 다 버리고 가진 모든 것을 팔라는 요구는 영혼의 열망에 관련한 말씀이라고 이해해야 합니다"(14,6). 가진 모든 것을 팔라고 명하는 예수의 말씀은 영혼의 열망을 없애고 재물을 올바르게 사용해야 한다는 의미라는 것이다. 따라서 클레멘스가 볼 때, 이러한 재물을 그릇되게 사용하는 것은 죽음을 의미하며, 재물을 올바르게 사용하여 재물을 잃는 것은 구원을 뜻한다(16,1).

3.3. 스토아학파 사고방식과의 유사점과 차이점

클레멘스는 이 작품에서 스토아학파의 사고방식을 매우 자명하게 따르고 있다. "어떤 사람에게 생필품이 없을 때, 그는 어떻게 해서든 어디에서라도 이 생필품을 마련하려고 애쓰는데, 그러자면 아마도 생각을 낮추지 않을 수 없고 고상한 것들을 소홀히 하지 않을 수 없을 것입니다"(12,5)라고 한다. 부에 관한 이러한 사실적 평가, 곧 물질적으로 필요한 것을 충분히 갖추는 것이 정신적 활동의 전제라는 평가는, 엄격히 말해 정통적 생각이라 할 수는 없을지라도 스토아학파의 흐름 안에 있다. 키케로의 글에도 비슷한 내용이 있다. "특히 진리를 찾아내는 것과 알아내는 것은 인간의 특징이다. 이런 까닭에 우리는 꼭 필요한 일들과 걱정에서 벗어났다면 어떤 것을 보고 듣고 추가적으로 배우는 것을 갈망하고, 신비하고 경탄할 만한 대상들을 인식하는 것을 행복한 삶에 꼭 필요한 것으로 여긴다."[46] 또한 아리스토텔레스도 부가 선행을 베풀 수 있는 토대라는 견해를 보인다.[47] 세네카도 자신의 저서에서 부는 덕의 바탕materia virtutis이며, 선행 beneficentia이라는 덕을 실행하기 위한 전제 조건이라고 쓴 바 있다.[48] 이런 견해는 아리스토텔레스에게로 거슬러 올라가는 스토아주의의 부차적 시각이다.[49] 많은 학자들이 세네카의 『행복한 삶』과 클레멘스의 저서 사이에 여러 가지 공통점이 있다는 점을 밝혀내었다.[50] 두 저서가 부를 정당화하고 있다는 사실은 사상적으로 긴밀한 관계가 있음을 암시한다. 한편 세네카와 클레멘스 사이에 매우 중대한 차이가 있다는 점도 입증된 바 있다.[51] 이 논고에서 다양한 공통점과 상이점을 개별적으로 상세히 다룰 수는 없지만, 클레멘스가 스토아학파의 사상에 접근하고자 한 동기들이 그리스도교를 의도적으로 헬레니즘화하려는 데 있지 않은 것은 확실하다. 오히려 클레멘스는 부에 관한 자신의 견해를 논증적으로 그리고 이성적으로 주장하려는 의도에서 철학적 소재, 철학적으로 해결된 문제를 다루고 있다. 클레멘스가 이 저서에서 다루는 일련의 주제들을 고려할 때, 그가 자신의 견해를 헬레니즘화했는지 여부는 확정적으로 단정하기가 어렵다. 그는 스토아철학 사상과 유사하면서도 명백하고 확고한 그리스도교적 입장을 밝히고 있기 때문이다.

스토아철학자들과의 단순한 언어적 일치 그리고 개념이나 전반적인 사상 전체에서의 유사점만으로 일반적인 결론을 이끌어 내기란 쉽지 않다. 부와 소유물은, 클레멘스가 확실히 스토아학파의 신세를 지고 있는 개념들인 ἀδιάφορος(선하지도 악하지도 않은), ἀλλότριος(다른 이에게 속한/낯선), ὕλη(물질/질료), ὄργανον(도구) 같은 용어들을 통해 정의되지만 이러한 철학적 표현들은 그리스도교적 의미도 담고 있다고 말할 수 있다.

부를 내적으로 멀리함, 곧 스토아학파에서 말하는 '아파테이아'는 클레멘스가 구원에 불안을 느끼는 부자들에게 맨 처음에 제시하는 자세다. 클레멘스는 이 사상을 저서의 많은 대목에서 거듭 설명하며, 이를 성경 본문으로 입증하고자 해당 대목을 연속적으로 해설하는 체제를 따른다. 이런 내적 자유를 얻고자 애쓰는 사람은 실제로 주님을 따르며(16,1), "영으로 가난하고 … 소유물을 자기 삶의 목표로 삼지 않으며"(16,3) 영적 의미에서 부유하다. 그는 덕에서 부유하고(19장) "하늘에 보물을 쌓게 될 것이다"(19,6). 제자들의 태도는 이 우의적 해석을 정당화하고 그 결론을 확인해 준다. 제자들은 "주님께서 모호한 비유들로 말씀하신 것"을 이해했고 "그분 말씀의 깊은 뜻을 파악했다"(20,4). 그러나 세속적 보물들을 내버리지 않은 제자들은 자기 영혼의 열망과 탐욕을 아직도 완전히 없애지 못했다는 점을 알았다. 그런 까닭에 "그들은 [주님의 말씀을 듣고] 매우 놀랐다"(20,5).

세속적 재물에 영적으로 관심을 기울이지 않는 것은 궁극적인 목표가 아니라, 그리스도인이 지녀야 하는 태도의 전제 조건이다. 그 자체로 선하지도 악하지도 않은 부가 가치가 있느냐 없느냐를 결정짓는 요건은, 소유자가 부를 어떻게 사용하느냐 하는 것이다. 클레멘스에게 재물을 올바로 사용한다는 것은 이웃을 위해 사용함을 의미한다는 것이다. 창조신학적으로, 재물은 이렇게 사용되도록 하느님에 의해 정해졌기 때문이다(14,1). 인간이 소유한 재물은 "하느님의 선물"이며, 하느님께서는 인간이 인간을 구원하거나 유익하게 하는 데 쓰도록 재물을 주셨다는 것이다. 그러므로 인간은 자기 자신보다 동료 인간을 위해 소유물을 받았다는 것을 알아야 한다(16,3). 나아가 클레멘스는 어떤 사람이 이기적으로 자신만을 위해 사용하거나 올바르게 사용하지 않는 소유물은 그 본성상 불의하다고 추론한다(31,6). 소유물은 이웃을 구원하거나 유익하게 하는 데 써야 그 정당성을 얻는다고 생각한 점에서 클레멘스의 사상은 스토아학파와 결정적인 차이가 있다고 할 수 있다.

3.4. 구원에 이르는 길인 사랑

클레멘스는 부자들이 예수 말씀의 참된 의미를 배운 다음에 택해야 하는 길을 그들에게 제시하고자 한다. "부자들은 어떻게 재물을 사용하고 생명을 얻어야 하는지 배워야 합니다"(27,1). 클레멘스가 제2부인 27-38장에서 되풀이하여 제시하는 중심 주제는, 구원에 이르는 데 "뛰어난 길"(38,1)인 사랑[52]이다. 클레멘스의 사랑 이해에는 그리스도론이 내포되어 있다. 그리스도께서는 자신을 몸값으로 내놓으시고 제물로 바쳐지고 있을 때 우리에게 "내가 너희에게 새 계명을 준다"(요한 13,34 참조)라는 새로운 유언을 남기셨다(37,4). 그리스도의 이런 사랑에는 '하느님은 사랑이시다'라는 정의가 깃들어 있다. 클레멘스는 사랑 자체이신 하느님(37,1)께서 당신의 사랑 때문에 어머니가 되시어 아들을 낳으셨다고 말한다. "사랑으로 태어난 열매는 사랑입니다. 이는 아드님께서 몸소 세상에 오신 이유이며, 인간의 모습을 취하신 까닭이고 인간의 운명을 기꺼이 견디신 이유입니다"(37,2-3). 그리스도께서는 그리스도인 한 사람 한 사람을 위해 자신의 목숨을 내놓으셨기에, 이러한 사랑은 우리에게 서로를 위해 목숨을 내놓을 것을 요구할 뿐 아니라 모든 그리스도인에게 보잘것없는 재물을 나눌 의무도 지운다. "우리가 우리의 목숨을 형제들에게 빚지고 있으며 구원자와의 그런 상호 계약을 인정한다면, 보잘것없고 우리의 참된 본질에 낯설며 덧없는 이 세상의 것들을 우리가 여전히 창고에 보관하고 창고 문을 잠가야 하겠습니까? 얼마 뒤 불타 없어질 것을 서로 주지 말아야 하겠습니까?"(37,4-5).

사랑은 하느님 사랑과, 스스로 자비로운 사랑의 뛰어난 본보기가 되신 그리스도 사랑으로 뒷받침된다. 하느님께서 우리를 사랑하셨기에 우리가 하느님을 사랑해야 하듯이, 우리는 그리스도도 사랑해야 한다. 그리스도는 ― 자비로운 사마리아인에 관한 비유가 가르치듯이(28-29장) ― 우리에게 자신의 사랑을 통해 먼저 오신, 우리의 이웃이다. 클레멘스에 따르면, 그리스도에 대한 사랑에서 우리 동료 인간에 대한 사랑, 그리스도인들에 대한 사랑이 생긴다. 우리가 그들에게 사랑을 입증한 것은 결국 그리스도를 사랑한 것이다. "그리스도를 사랑하는 사람이 첫째이고, 그리스도를 믿는 이들을 존경하고 돌보는 이는 둘째입니다. 어떤 사람이 제자에게 해 준 것은 무엇이든, 주님께서는 당신께 해 준 것으로 받아들이시며, 모두 당신이 받으신 것으로 여기십니다"(30,1). 그리스도는 "형제들 가운데 가장 작은 이"(마태 25,40)와 동일시되며, 그리스도에 대한 사랑이 이웃 사랑과 동일시된다. 종말의 심판자인 그리스도께서는 우리가 이웃에게 자비를 베풀고 선행을 한 것이나 거절한 것은 곧, 당신께 선행을 베푼 것이나 거절한 것이라고 선언하시기 때문이다.

더불어 영원한 벌에 대한 두려움과 하늘의 보상에 관한 희망이 선행의 정당한 동기로 여겨진다(30,4-5; 31,9).[53] 그러나 율법이 복음에 비해 낮듯이, 벌에 대한 두려움과 보상에 대한 희망은 사랑에 비해 등급이 낮다. 곧, 율법은 교육적 이유에서 벌에 대한 위협(9,2)과 보상에 대한 전망[54]에 이용된 반면, 사랑은 복음의 실질적인 요구이지만 두려움과 희망을 배제한다.[55] 율법에 따라 살고 두려움 때문에 행동하는 사람은 하느님의 종이며,[56] 사랑 때문에 행동하는 사람은 하느님의 친구, 하느님의 아들, 그리스도의 형제, 공동상속인(9,2: 참조: 36,1-2)이듯이, 클레멘스는 사랑을 선행의 주된 동기로 이해한다.[57]

3.5. 보답 사상

그렇다고 사랑에 버금가는 다른 동인도 없지 않다. 클레멘스에게, 특히 이 저서에서는 유대 전통에서 유래하는 보답 사상이 중요한 역할을 한다. 클레멘스는 물질이나 외적인 것이 아니라 영원한 생명과 구원에 가치를 두고 있기에, 없어질 것을 팔아 없어지지 않는 것을 사라고 강조한다. 그는 이러한 '거래', '거룩한 사업'에 관해 말하며, 부자들에게 돈으로 불멸을 살 수 있는 가능성을 열어 준다(32,1).

클레멘스에 따르면, 부자들은 종교적 관점에서 곤궁한 이들인 반면, 가난한 이들과 사회적 약자들은 하느님 앞에서 특별 지위를 누리고 있으며, 그분의 호의를 입고 그분과 긴밀한 관계를 맺고 있다(33,1). 부자는 자선이나 선행을 베풂으로써 가난한 이들을 하느님 앞에서 자신의 대변자로 삼을 수 있다. 여기서 클레멘스는 초기 그리스도교의 가난한 이의 영성을 단순히 답습하는 수준을 훨씬 넘어선다. 그는 가난한 이들과 약한 이들을 완전한 그리스도인들, 거룩한 이들(34,3), 선택된 이들(36,2)이라 부른다. 달리 말하면, 클레멘스는 이렇게 자신의 도덕적 이상을 참된 영지주의자의 모습으로 제시한다. 가난하고 약한 이들은 부자를 위해 하느님께 기도하고 간구하며, 부자의 구원에 유익한 것을 가르치고 위로의 말로 부자를 격려하며 경고한다(35,1). 이제 부자는 가난한 이에게서 어떤 것을 받기 위해 그에게 간청해야 한다(32,5). 부자는 자신이 받은 선물을 자발적으로 주어야 하고, 요청을 받거나 계속 요청을 받아 시달릴 때까지 기다리지 말고 도와주어야 한다(31,7). 부자들은 자신의 재화를, 그러한 은혜를 베푸는 사람들을 위해 하느님에게 간구함으로써 풍부한 보상을 받게 될 더 가난한 형제들의 구제를 위해 통 크게 써야 한다. 부자는 이렇게 아낌없이 베풀다 보면 그에게 도움을 받는 사람 가운데에서 그에게 구원을 가져다 줄 사람을 발견할 것이다(33,3).

클레멘스는 부자들에게, 도움 받는 사람들을 차별하지 말고 신분을 구별하거나 자격을 판단하지 말고 선행을 베풀라고 조언한다. 왜냐하면 부자는 하느님의 친구가 될 자격이 있는 사람이 누구인지 전적으로 잘못 생각할 수 있고(33,2), 하느님께서 사랑하시는 어떤 사람을 소홀히 할 수도 있기 때문이다(33,3). 따라서 부자는 겉으로 보이는 모습에 따라 판단하는 것을 조심해야 한다. 하느님께서 그 이웃 안에 거주하시기 때문이다(33,6).

해제

클레멘스는 이 논고를 38장에서 사랑의 활동, 일종의 덕론에 관한 선포 말씀을 다루는 글로 끝낸다. "하늘에 자리가 없는 부자가 누구인지, 그리고 사람이 재물을 어떤 식으로 사용해야 하는지 당신이 이해했다고 우리는 믿고 싶습니다. 이는 당신이 부로 야기된 비난과 어려움을 통해 생명에 이르는 길로 나아가고, 영원히 좋은 것들을 누릴 수 있게 하려는 것입니다"(38,5-39,1).

클레멘스가 부록으로 덧붙인 내용은 회개나 참회의 가능성에 관한 고찰(39-41장)이다. 참회는 죄에 빠진 이들이 하느님의 관대한 자비와 인내심을 떠올리고 회개하도록 원기를 북돋기 위해, 그리고 절망에 빠진 그들이 이를 통해 희망이 없는 상황에서 벗어나게 하기 위해 필요하다. 영지주의자 클레멘스는 이 단락에서, 참회자가 기꺼이 따르고 자기 속마음을 토로할 수 있는 영혼의 인도자가 중요한 역할을 한다고 강조한다. 그 예로 클레멘스는 요한 사도를 배신하였지만 사도의 인도를 통해 다시 그리스도인 공동체로 돌아온 강도에 관한 감동적인 이야기(42,1-20)[58]를 전하며 설교를 끝낸다. 그는 늦은 회개나 참회도 하느님의 눈에는 죄인들이 구원받는 데 부족하지 않다는 점을 힘주어 말한다.

3.6. 평가

전체적으로 볼 때, 이 설교는 부자들의 영혼 상태에 관한 설명인 동시에 그들이 구원받을 수 없다는 체념과 절망을 극복할 수 있다는 희망에 찬 본보기이자 부자들에게 참회하고 사랑을 실천하라는 권고라 할 수 있다. 클레멘스는 "부와 소유" 문제를 다루는 초기 그리스도교의 저자들과 마찬가지로 이 문제를 사회철학적으로 상세히 논하지는 않았다. 또한 그가 사회정치적 또는 경제정치적 구조의 변혁을 설파한 사회개혁자가 아니라는 사실도 실제로 맞다. 그는 이를 할 수도 없었고 하기를 원하지도 않았다. 단지 그는, 재물의 존재 이유인 영원한 생명을 얻고 구원을 받기 위해, 양심이라는 종교적·윤리적 방식을 내세우면서 알렉산드리아의 신자들 각자에게 신약성경의 정신을 이행할 의무가 있다는 사실을 깨우쳐 주고자 하였다.

학자들은 이 논고가 그리스도교와 부의 조화를 최초로 이론적으로 정당화했는지, 부자들에게 그들의 부에 대한 신학적 근거를 제시했는지에 대해 매우 다양하게 평가하였다. 더러는 부를 매우 긍정적으로 생각하고 경제적으로 가장 합리적인 대안을 제시한 저서라는 견해를 밝혔다.[59] 그런가 하면 소유와 가난에 관한 '긴장감 넘치는 타협'이라는 의견부터 '소시민적이고 가난한 교회의 부자들을 위한 방침을 최초로 제시했다거나 부자들에게 그들의 부가 지닌 신학적 의미를 깨우쳐 주었다'는 견해까지, 평가의 범위가 매우 폭넓다.[60] 이런 다양한 평가와 더불어 클레멘스가 다룬 주제를 광범위하게 연구한 톨린톤Tollinton의 포괄적인 평가는 정곡을 찔렀다 할 수 있다. "클레멘스의 설교가 부자에게 자기 소유물을 향유하는 데 편안한 마음을 지니게 했다는 첫인상은, 부자가 이 설교의 모든 내용을 이해한다면, 크게 바뀔 수 있을 것이다."[61]

주

『어떤 부자가 구원받는가?』

1 필사본에는 저자의 이름도 작품의 제목도 나오지 않는다. 이 강해의 제목은 카이사리아의 에우세비우스 『교회사』 3,23,5; 6,13,3; 히에로니무스 『명인록』 38; 포티우스 『저서 평론』 111에 남아 있다.

2 에스쿠리알 수사본은 1쪽이 훼손된 어떤 수사본을 베낀 것 같다. 많은 낱말을 판독할 수 없었는지 이 사본은 그러한 구절들을 빈 곳으로 남겨 놓았다. 이런 탈문에도 전반적인 의미는 대체로 분명하다. 하지만 개별 탈문들을 보완할 방법은 딱히 없다.

3 '뉴캐슬로 석탄을 지고 간다'(쓸데없는 짓을 하다)는 영어 속담과 같은 표현 방식인 "불에 불을 보탠다"에 관해서는 참조: 클레멘스 『교육자』 2,20,3; 플라톤 『법률』 II 666A.

4 참조: 헤르마스 『목자』 계명 12,6,2.

5 또는 "이성에 따라".

6 아래에서 사용되는 그리스도인과 경기자를 비교하는 글은 고대 그리스도교 문헌에 자주 나온다.

7 '훈련자'γυμναστής는 운동선수를 직업적으로 지도하는 코치를 뜻한다.

8 참조: 클레멘스 『양탄자』 7,83,2.

9 민족끼리 벌이는 대규모의 시합에서 상을 받은 사람은 고향으로 돌아갈 때 상당한 존경을 받았다.

10 마르 10,17-31을 문자 그대로 인용하는 4,4-10 단락은 클레멘스가 사용한 신약성경 본문의 사본 계열을 알려 주는 점에서 중요하다. 다른 구절에서도 그렇지만 여기에서도 "서방" 사본의 본문을 따르고 있음을 보여 준다. 예를

들어 클레멘스가 여기에서 덧붙이는 "그리고 토지"라는 말은 신약성경의 일부 그리스어 필사본에는 없지만 옛 라틴어 번역에는 있다.

11 "어려서부터"라는 말은 필사본의 이 구절에 없지만 8,2.3; 10,4에는 들어 있는 것을 보면 여기에서는 실수로 빠뜨린 것 같다.

12 주 10에서 설명했듯이, 클레멘스가 사용하는 마르코 복음서의 본문은 오늘날 우리에게 친숙한 사본 전통과 다르다.

13 클레멘스는 네 정경 복음서와, 자신이 알고 때때로 사용하지만 같은 권위를 지니지 않은 외경 복음서, 곧 『이집트인 복음서』와 『히브리인 복음서』를 구분한다. 병행 구절은 마태 19,16-30; 루카 18,18-30에 있다.

14 "육적인 방식"은 감추어진 또는 영적 의미와 대비되는 문자적 의미를 가리키는 용어다.

15 여기에서 사용된 '관리인'ταμιάς은 호메로스(『일리아스』 4,84)와 플라톤(『국가』 II 379C.E)의 작품에서 제우스를 가리킨다. 클레멘스는 확실히 이 구절들을 암시하고 있다.

16 '지식'ἐπιστήμη에 관한 스토아학파의 정의에서 영향받은 이 표현에 관해서는 참조: 『양탄자』 2,9,4; 47,4; 76,1; 6,54,1.2; 7,17,2.

17 "신과 비슷하게 된다"는 사상은 플라톤 『테아이테토스』 176B에서 취한 것이며, 클레멘스가 자주 언급하는 구절이다. 이 사상은 고대 철학자들의 인생의 목표였다.

18 '표징'σημεῖον이라는 낱말은 클레멘스의 글에서 때때로 '십자가'를 뜻한다. 참조: 『양탄자』 5,35,1; 6,84,3.4; 6,87,2; 7,79,5.7. 같은 의미가 『바르나바의 편지』 12,5에도 나온다.

19 필론(『카인의 후손』 71)도 비슷하게 생각한다.

20 원문은 '종' δοῦλος이지만 '율법' ὁ νόμος이 잘못 쓰인 것 같다.

21 "완전한"이라는 개념에는 높아질 가능성이 없다. 따라서 "네가 완전한 사람이 되려거든"이라는 문장에서 청년이 아직 완전하지 않다는 점을 미루어 알 수 있다.

22 클레멘스는 인간이 자신의 행동에 대해 책임이 있다는 인간의 자유의지에 관한 가르침을 아주 중요시한다(참조: 『(이교인들을 위한) 권고』 99,4; 『양탄자』

1,83).

23 클레멘스가 개별 구절을 설명할 때 위에서 인용한 마르코 복음의 본문이 아니라 병행 본문들을 때때로 사용하는 점을 주목해야 한다.

24 이는 계명들의 실행을 뜻한다.

25 클라조메나이의 아낙사고라스(기원전 500~428)는 철학 연구에 전적으로 몰두하기 위해 자신의 재산을 포기했다(디오게네스 라에르티우스 『그리스철학자 열전』 2,6). 아브데라의 데모크리토스(기원전 460~361)는 연구 여행을 하는 데 많은 재산을 썼다고 한다(디오게네스 라에르티우스, 같은 책 9,35.39). 견유학파 철학자 크라테스(기원전 320경)는 자신의 부를 자신이 태어난 도시 테베에 바쳤다. 이 세 사람은 종종 외적 재물에 종속되지 않은 본보기로 언급된다(참조: 필론 『모세의 생애』 14; 오리게네스 『켈수스 반박』 2,41; 히에로니무스 『편지』 58,2; 66,8; 71,3; 『요비니아누스 반박』 2,9; 『마태오 복음 주해』 3,19,28).

26 클레멘스는 여기에서 '새 창조'라는 표현을, 창조를 야기하는 분을 가리키는 명칭으로 사용한다. 『교육자』 114,3에서도 이와 비슷하게 사용한다.

27 히페레시아ὑπηρεσία는 처음에는 선원들의 '봉사'를, 그 뒤에는 일반적으로 '모든 봉사', '모든 도움'을 뜻하였다.

28 코이노이아κοινωνία라는 낱말은 본디 '공동체'를 뜻하지만 후에는 '공동체의 활동', '관대', '자비'의 의미로도 사용되었다.

29 이 구절에서 언급되는 레위는 마태오의 다른 이름이라는 것이 일반적 가정인데, 클레멘스는 레위와 마태오를 서로 다른 두 사람으로 여긴다. 참조: 클레멘스 『양탄자』 4,71,3; 오리게네스 『켈수스 반박』 1,62.

30 참조: 플라톤 『에릭시아스』 *Eryxias* 401B.

31 '부'를 가리킨다.

32 클레멘스는 여기에서 우리의 행복에 중요하지 않은, 곧 선도 악도 아니며 도덕적으로 중립적 가치가 있는 것을 가리키는 스토아학파의 표현(ἀδιάφορα)을 사용한다.

33 아래의 40,2의 구절은 이 문장이 복음서에 전해지지 않는 주님의 말씀이라는 점을 넌지시 암시하고 있음을 나타낸다(참조: 클레멘스 『양탄자』 7,10,1).

34 클레멘스는 이곳과 『양탄자』 77,6에서 이 성경 구절 앞뒤를 바꿔 인용한다.

주

35 곧, 재화가 없고 의로움에 주리지 않은 이들.

36 여기에서도 아디아포라ἀδιάφορα가 화제다(참조: 앞의 15,3 각주 32).

37 클레멘스는 여기에서 비슷하게 들리지만 의미가 서로 다른 낱말들을 사용한다(비아이오스/말론 데 베바이오스: βιαίως/μᾶλλον δὲβεβαίως).

38 마태오 복음 20장 1-16절 선한 포도밭 주인의 비유에서 포도밭 주인이 일꾼들에게 준 '한 데나리온'은 2세기 이전에 막노동꾼의 하루 치 품삯이며 매우 적은 금액이었는데, 1데나리온은 6오볼로스였다. 속담이 되어 버린 네 오볼로스에 관한 관용구는 율리우스 폴룩스(『지명록』onomasticon 133)에 남아 있는 아리스토파네스의 시구와 비잔티움 제국에서 만든 사전인 수다Suda의 글에도 있다.

39 그리스어 표현 νεκρος τῇφύσει("본성상 죽은")에서 νεκρός는 에페 2,1에서, φύσει는 에페 2,3에서 유래한다.

40 1코린 2,9와 1베드 1,12이 결합된 인용문은 클레멘스『테오도투스 작품 발췌』86,3에도 나온다.

41 참조: 앞의 4,10과 주 12.

42 플라톤『소피스테스』252C.

43 클레멘스는 로마 5,4("시험을 자아냅니다")과 1코린 3,13("불은 저마다 한 일이 어떤 것인지 가려낼 것입니다")을 떠올리고 있는 것 같다.

44 직역은 '위로자'. 그러나 '변론자'와의 연결은 클레멘스가 법적 의미로 이 낱말을 생각하고 있음을 나타낸다.

45 곧, 모든 이의 구원이라는 복음의 약속.

46 참조: 오리게네스『켈수스 반박』6,16.

47 『양탄자』3,13,1과 21,2에서 클레멘스는 '첫째 원리들'에 관한 작품을 쓸 계획임을 밝히지만, 이 작품은 전해 오지 않는다.

48 직역은 '비유'다. 그러나 오늘날 우리가 말하는 의미의 '비유'가 아니다.

49 디오게네스 라에르티우스(『그리스철학자 열전』6,87)는 크라테스가 자기 돈을 바다에 던져 버렸다고 전한다.

50 아래의 내용에 관해서는 참조: 루카 10,30-37.

51 루카 10,31 그리스어 본문에는 어떤 사제가 "우연히" 그 길로 내려갔다고 쓰여 있다. 그러나 클레멘스는 루카와 달리 이 표현을 여기에서 사용한다.
52 자비로운 사마리아인을 구원자로 해석하는 우의적 의미는 고대 교회의 다른 글들에도 나온다.
53 격정의 종류에 관한 스토아학파의 설명에 관해서는 참조: 클레멘스 『교육자』 1,101,1.
54 참조: 『열두 사도들의 가르침』 9,1-2: "이 방식으로 감사하는 감사 기도(성찬)에 관하여. 먼저 잔에 관하여 '우리는 당신께서 당신의 아들 예수를 통해 우리에게 알려 주신 당신의 아들 다윗의 거룩한 포도나무에 대해 우리 아버지이신 당신께 감사의 기도를 바치나이다.'"
55 발음이 비슷하지만 의미가 다른 낱말인 기름(ελαιον, 엘라이온)과 자비(ελεος, 엘레오스)를 연결시킨 예는 클레멘스의 『교육자』 2,63,3에도 나온다.
56 참조: 헤르마스 『목자』 계명 2,6.
57 요청을 받을 때까지 기다리지 말고 적절한 이들을 스스로 찾으라는 권고를 클레멘스는 "불의한 재물로 친구들을 만들어라"(루카 16,9)에서 발견한다.
58 이 낱말(πανήγυρις)은 본디 올림포스 같은 곳에서 열리는 그리스인들의 국가적·종교적으로 큰 축제 모임을 가리켰으며, 히브 12,22에서는 교회를 가리키는 말로 사용된다. 그 뒤 모든 종류의 집회, 물건을 사고파는 시장에도 적용되었다.
59 비슷한 표현이 크세노폰 『아게실라오스』 9,3에도 있다.
60 나지안주스의 그레고리우스[『마태오 복음 19장 1-12절』(연설) 37,11]는, 아름다움은 시간을 보내기 위한 장난감이요 병적 장난감이라고 비슷하게 말한다.
61 복음서에 나오지 않는 말이다.
62 마태 7,1-2와 루카 6,37-38이 결합된 인용.
63 스미르나의 폴리카르푸스는 『필리피 신자들에게 보낸 편지』 9,2에서 비슷하게 말한다. "우리를 위하여 죽으시고 우리를 위하여 하느님께서 일으키신 분."
64 비슷한 문장이 클레멘스의 『양탄자』 6,107,2에도 인용된다. 이는 알려지지 않은 주님의 말씀인 것 같다.

주

65 이 "씨앗"은 더 높은 곳에 있는 영혼들을 가리키는 영지주의 용어다. 이들은 자신 안에 신적 생명의 섬광을 지니고 있으며, 신앙보다 지식이나 직접적인 직관으로 처신한다. 순교자 유스티누스(『둘째 호교론』 7)는 세상이 오직 '씨앗' 때문에 보존된다고 클레멘스와 동일한 진술을 하는데, 그러나 그는 이 용어로 그리스도인 전체를 지칭한다. 그러나 클레멘스는 명백히 이를 "선택된 이들보다 더 확실히 선택된" 이들에게 제한하는 것 같다. 선택된 이들의 '모임'에 관해서는 참조: 마태 3,12; 24,31; 『열두 사도들의 가르침』 9,4; 10,5; 클레멘스 『테오도투스 작품 발췌』 26,3.

66 하느님이 어머니라는 이 사상은 5세기 초에 활동한 프톨레마이스의 주교 시네시우스의 『찬가』 2,63-64("당신은 아버지이시고 어머니이시며 남성이시고 여성이십니다")와 유사하다.

67 포도주 제물로. 바오로는 2티모 4,6에서 같은 낱말을 자신에 관해 사용한다.

68 스프라기스 σφραγίς라는 낱말은 고대 그리스도교 문헌에서 세례의 의미로도 사용되었다.

69 '구원' λύτρωσις이 교회의 어떤 행위를 나타내는지는 확실하지 않다.

70 복음서에 없는 이 말씀을 순교자 유스티누스(『유대인 트리폰과의 대화』 47)는 다소 다른 형식으로 언급한다. 이는 에제 33,20("나는 저마다 걸어온 길에 따라 너희를 심판하겠다")과 상당히 유사하며, 클레멘스도 유스티누스도 이 말을 에제 33,10-20에서 얻은 가르침과 관련하여 사용한다.

71 그리스어 낱말 카타스트로페 καταστροφή는 연극에서 주제가 환히 드러나는, '결말'로 향해 가는 '전환점'을 의미한다.

72 42,1-15은 고백자 막시무스가 발췌 주해한 많은 필사본과 카이사리아의 에우세비우스의 『교회사』 3,23,6-9에 있다. 이를 통해 클레멘스의 글에 남아 있는 다른 이야기들도 많은 이에게 알려졌다.

73 여기에서 언급된 인물은 요한을 추방했다고 하는 도미티아누스 황제라고 여겨져 왔으나 그는 기원후 96년 죽었으며, 요한이 이 시기 이전에 사도로서의 활동을 끝냈다는 것은 거의 확실하다. 요한의 추방이 더 이전인 네로 통치 시기로 거슬러 올라가든지, 아니면 이 이야기의 저자가 요한 사도와 에페소의 장로 요한을 혼동한 것 같다.

74 클레로스κλῆρος는 그리스도교의 직무(사도 1,17 참조)에서 '몫'이나 '할당'을 뜻하는 말이다. 이 낱말은 그 뒤 직무자, 나아가 '성직자'라는 의미로 확대되었다.

75 『부활절 연대기』(470쪽 9열)에서 이 도시는 스미르나로 언급된다.

76 클레멘스가 여기에서 동일 인물에게 "주교"와 "장로"라는 용어를 사용하는 점을 주목해야 한다. 이는 두 용어가 신약성경에서처럼 동의어로 사용된 시기부터 전해지기 때문인 것 같다. 다른 한편으로 "주교"와 "장로"라는 용어는, 유명한 다른 도시들과 달리, 알렉산드리아에서는 아직도 명확히 구분되지 않았을 가능성도 있다. 히에로니무스(『편지』146)는 헤라클라스와 디오니시우스(기원후 233년) 시대까지 알렉산드리아에서 장로들은 장로단 가운데에서 한 명을 주교로 선출했다고 말한다. 클레멘스는 다른 저서에서 주교, 장로, 부제를 구분한다(참조: 『교육자』3,97,2; 『양탄자』6,107,2). 다른 저서에서는 장로와 부제만 언급된다(참조: 『양탄자』3,90,1; 6,106,2; 7,3,3).

77 참조: 39,1의 각주 68.

78 참조: 오리게네스 『켈수스 반박』3,51.

79 요한 크리소스토무스는 오른손을 감춘 이유를, 그 손이 피로 더럽혀졌기 때문이라고 밝힌다.

80 카이사리아의 에우세비우스와 고백자 막시무스가 인용하는 클레멘스의 글은 여기에서 끝난다. 앞의 두 사람이 사용한 본문은 이미 42,8부터 보완되었다. 에스쿠리알 수사본의 344쪽이 보충되었기 때문이다.

81 "참회의 천사"라는 표현은 헤르마스의 『목자』 비유 9,33,1 등에도 나온다.

82 영광송에 관해서는 참조: 로마 16,27; 에페 3,21; 1티모 1,17과 유사 구절들; 로마의 클레멘스 『코린토 신자들에게 보낸 편지』63,1; 65,2.

해제

1 그의 완전한 이름은 카이사리아의 에우세비우스 『교회사』6,13,1과 포티우스 『저서 평론』111에 나온다.

2   클레멘스 자신이 이 사실을 때때로 넌지시 암시한다(『교육자』 1,1,1-2; 1,82, 62).
3   참조: 살라미스의 에피파니우스 『약상자』 32,6: "어떤 이들은 클레멘스가 알렉산드리아 사람이라고, 또 어떤 이들은 아테네 사람이라고 말한다." 클레멘스의 『양탄자』 1,11,2를 보면 아테네일 가능성이 크다.
4   참조: 클레멘스 『양탄자』 1,11,1-3.
5   참조: 카이사리아의 에우세비우스 『교회사』 5,10,1.
6   클레멘스 『양탄자』 1,11,1. "시칠리아의 꿀벌"이라는 구句는 판타이누스의 출신지를 암시하는 중요한 표현이다.
7   디오도로스 시쿨로스 『세계사』 17,57,6에 따르면 알렉산드리아에는 대략 30만 명의 자유인이 살았다. 이를 바탕으로 전체 주민은 대략 100만 명으로 추론할 수 있다. 디오도로스의 기록은 그가 살던 기원전 1세기의 상황이다.
8   오리게네스 시대 알렉산드리아의 사상적 분위기에 관해서는 참조: 오리게네스 『원리론』 이성효 · 이형우 · 최원오 · 하성수 해제 역주, 아카넷 2014, 18-20쪽.
9   참조: 클레멘스 『양탄자』 1,11,2.
10 참조: 카이사리아의 에우세비우스 『교회사』 6,6.
11 참조: 카이사리아의 에우세비우스 『교회사』 6,6.
12 클레멘스와 오리게네스의 사제 관계에 관해서는 참조: 오리게네스, 위의 책 16-17쪽.
13 참조: 카이사리아의 에우세비우스 『교회사』 6,3,1.
14 클레멘스 『양탄자』 6,80,5.
15 참조: 클레멘스 『양탄자』 1,28,2; 1,37,1; 6,42,1; 6,156,4; 6,159,6.7; 7,11,2.
16 참조: 클레멘스 『양탄자』 1,18,4; 1,37,1.
17 참조: 클레멘스 『양탄자』 6,44,1; 7,11,1-2; 『(이교인들을 위한) 권고』 112,1.
18 참조: 클레멘스 『양탄자』 7,1,4.
19 참조: H.R. 드롭너 『교부학』 하성수 역, 분도출판사 2001, 215-216쪽.
20 『(이교인들을 위한) 권고』, 『교육자』, 『양탄자』는 사람들을 신앙으로 이끌기

위한 3부작이라는 견해가 늘 주장되었다. 클레멘스는 호교서인 『(이교인들을 위한) 권고』에서 아직 신앙에 들지 않은 사람들을 신앙으로 이끌고자 이교인의 다신론을 논박하고 참된 로고스에 주의를 돌리기 위하여 그리스도교 신앙을 긍정적이고 설득력 있게 논증하면서 그리스도교 계시를 긍정적으로 받아들일 것을 촉구한다. 『교육자』에서는 그리스도교적 올바른 삶에 대해 가르치는 교육자인 신적 로고스가 그리스도인의 인생 설계를 이끄는 도식이다. 이 과정에서 클레멘스는, 시민의 훌륭한 생활 방식인 스토아학파의 윤리를 그리스도교화한다. 참된 인식(그노시스)에 대한 체계적 학설 대신에 다양하고 혼합적인 호교적 · 윤리적 · 실천적 주제를 다루는 『양탄자』에서는 그리스도인의 신앙을 설명하고 이 신앙을 '참된 영지'로 서술한다. 이 작품들의 중심 사상은 신적 로고스가 모든 인간의 교육자라는 것이며, 고대의 교육 이상이 성경의 계시를 통해 강조된다.

21 일부 학자들은 이 피신이 임박한 그리스도인 박해와는 전혀 관련이 없으며 (그렇다면 박해의 위험이 사라졌을 때 클레멘스도 다른 성직자들처럼 당연히 알렉산드리아로 돌아왔을 것이다) 당시에 데메트리우스 주교(188/9~231)와 심각한 불화가 있었기 때문이 틀림없다고 주장한다.

22 그가 이 두 지방 가운데 어느 곳의 카이사리아로 갔는지는 학자들 사이에 의견이 분분하다.

23 카이사리아의 에우세비우스 『교회사』 6,11,6.

24 노탱[P. Nautin, "Lettres et écrivains des IIe et IIIe siècles", *Patr.* 2(1961) 138-141]은 색다른 견해를 제시한다. 클레멘스는 사제였으며, 202년에 일어난 박해 때문이 아니라 215년 얼마 전에 (후대의 오리게네스와 유사하게) 데메트리우스 주교와의 불편한 관계 때문에 알렉산드리아를 떠났다는 것이다. 또 그는 (팔레스티나의) 카이사리아에 머무른 적이 없으며 이 편지는 230~231년에 쓰였다고 한다.

25 카이사리아의 에우세비우스 『교회사』 6,14,8-9.

26 참조: M. Dibelius, *Der Jakobusbrief*, Göttingen ¹¹1964, 58-69.

27 에비온파의 존재는 클레멘스와 오리게네스가 언급하는 『히브리인 복음서』를 통해 확인된다. 참조: Hennecke-Schneemelcher, *Neutesatmentl. Apokry-*

주

phen I, Tübingen ³1959, 104-108.

28 참조: 헤르마스『목자』환시 1,1,8("이 세상 것을 얻기 바라고 부를 자랑하며 선에 온 힘을 기울이지 않는 사람들은 스스로 죽음과 속박을 부른다."); 3,6,5; 계명 10,1,4; 비유 4,5; 8,8,1; 9,20,1-2.

29 참조: 헤르마스『목자』비유 8,9,3-4.

30 헤르마스의『목자』와 야고보 서간 사이에는 "어휘적·사상적 관계를 넘어서는 유사성"이 있다(M. Dibelius, 위의 책 49-50).

31 테르툴리아누스『마르키온 반박』4,15,8.

32 테르툴리아누스『인내』7,3: semper pauperes iustificat, divites praedamnat.

33 아래의 글은 헤르마스『목자』하성수 역주, 분도출판사 2002, 71-74쪽의 일부 내용을 요약하였다.

34 참조: 헤르마스『목자』환시 1,1,8("이 세상 것을 얻기 바라고 부를 자랑하며 선에 온 힘을 기울이지 않는 사람들은 스스로 죽음과 속박을 부른다."); 비유 1,1,8-9; 8,9,3.

35 참조: 헤르마스『목자』환시 3,9,2; 계명 2,4; 비유 1,8; 2,10; 9,24,2.

36 헤르마스『목자』환시 3,6,5-6.

37 헤르마스『목자』비유 9,30,5.

38 헤르마스『목자』비유 1,9.

39 참조: 헤르마스『목자』비유 2,1-10.

40 헤르마스『목자』비유 2,8.

41 『황제 열전』Historia Augusta 29,8,6. 4세기에 돈에 대한 물신주의를 신랄하고 간결하게 비판한 이 글은 한때 하드리아누스 황제(117~138)가 쓴 편지라고 오해받았다.

42 이 단락의 내용은 스텔린(Otto Stählin, *Klemens von Alexandrien, Welcher Reiche wird gerettet werden?*, München 1983, 76-90)에 힘입은 바가 크다는 사실을 밝힌다.

43 성경 해석 방식에는 크게는 두 가지, 곧 문자적 해석과 알레고리적·우의적 해석이 있다. 예를 들어 루카 복음이 '테오필로스'를 위해 기록한 복음일 경우, 이 인물이 역사적·구체적으로 누구인지 밝히는 것이 문자적 해석이며,

'테오필로스'를 '하느님께서 사랑하시는 이'라고 풀이하는 것이 우의적 해석이다. 세 가지 방법은 1테살 5,23에 서술되는 인간 삼분법(육체, 영혼, 영)에 따라 문자적 해석, 도덕적 해석, 영적 해석으로 구분된다. 그 밖에 네 가지, 다섯 가지 해석 방법도 있다.

44 클레멘스는 열심히 절약해서 모은 부도 물려받은 부도 부정적으로 보지 않으며, 재화의 소유 여부에 중요한 의미를 두지 않기에 어떤 사람이 재화 자체를 소유했다고 영원한 생명을 빼앗기지는 않는다고 여긴다(26,3-4). 나아가 11,3에서는 가난하다는 사실 자체가 장점은 아니라고 잘라 말한다.

45 클레멘스는 박해를 영혼 밖에서 일어나는 외적인 박해와 영혼의 열망으로 인해 일어나는 내적인 박해로 구분한다. "두 종류의 박해가 있습니다. 하나는 외부에서 가해지는 것으로, 사람들이 증오나 시기나 이윤 추구욕이나 악마의 영향으로 신자들을 괴롭힐 때 일어납니다. 그러나 가장 혹독한 박해는 불경한 욕정과 온갖 종류의 쾌락, 부도덕한 기대, 사악한 상상으로 더러워지는 각 사람의 영혼 내부에서 일어납니다"(25,3-4).

46 키케로『의무론』1,13.

47 참조: 아리스토텔레스『니코마코스 윤리학』1,9,1099a 31 — 1099b 8; 10,8, 1177a 28 — 1178b 7; 1178b 33-35.

48 참조: 세네카『행복한 삶』21,4-22,1.

49 참조: 아리스토텔레스『니코마코스 윤리학』10,8,1178a 28-29;『정치학』2,5,1263b 5-14.

50 참조: M. Pohlenz, *Klemens von Alexandreia und sein hellenisches Christentum*, Nachrichten v. der Akademie der Wissenschaft Göttingen 1943, 103-180.

51 참조: A.M. Ritter, Christentum und Eigentum bei Klemens von Alexandrien auf dem Hintergrund der frühchristlichen Armenfrömmikeit und der Ethik der kaiserzeitlichen Stoa. *Zeitschrift für Kirchengeschichte* 86(1974) 7, Anm. 26.

52 클레멘스는 믿음과 희망과 사랑 가운데 사랑이 으뜸이라는 점을 이렇게 강조한다. "우리가 하느님을 우리 자신의 눈으로 보고 확신하게 되면 믿음은 완

성된 것입니다. 우리가 희망한 것이 실현되면 희망은 완성된 것입니다. 그러나 사랑은 우리와 함께 하느님의 완전한 현존 속으로 들어가며, 완성되고 난 뒤 점점 더 커집니다"(38,3).

53 "당신이 인색하게 굴며, 누가 은혜를 입을 자격이 있고 없는지 시험하다가, 하느님께서 사랑하시는 어떤 이들을 소홀히 할 수 있습니다. 이에 대한 응보는 불에 의한 영원한 벌입니다. 그러나 궁핍한 모든 이에게 차례차례 아낌없이 준다면, 당신은 하느님과 함께 당신을 구원할 수 있는 이들 가운데 한 사람을 틀림없이 발견할 것입니다"(33,3).

54 참조: 클레멘스 『양탄자』 7,69,8.

55 참조: 클레멘스 『양탄자』 4,143,4 — 146,3.

56 참조: 클레멘스 『예언 발췌집』 61.

57 참조: 클레멘스 『양탄자』 1,9,3; 4,13,5-6. 클레멘스에 따르면 사랑은 선행으로 나타난다(28,4).

58 이 이야기는 카이사리아의 에우세비우스의 『교회사』(3,23,6-19)에도 전하고 서방 교회의 문헌들에 거듭 수록되었다.

59 참조: E. Troeltsch, *Die Soziallehren der christlichen Kirchen und Gruppen*, Tübingen 1922; Nachdruck 1965, 113, Anm. 57; G. Uhlhorn, *Die christliche Liebesthätikeit in der alten Kirche*, Stuttgart 1895, 77.

60 참조: M. Hengel, *Eigentum und Reichtum in der frühen Kirche*, Stuttgart 1973, 79; W.-D. "Hauschild, Christentum und Eigentum. Wum Problem eines altkirchlichen 'Sozialismus'", *Zeitschrift für Evangelische Ethik* 16 (1972) 37-38.

61 R.B. Tollinton, *Clement of Alexandria. A Study in Christian Liberalism I*, London 1914, 323.

교부 문헌 목록

나지안주스의 그레고리우스 『마태오 복음 19장 1-12절』(연설 37)*In Matthaeum 19,1-12/In dictum evangelii: Cum consummasset Jesus hos sermones*

『바르나바의 편지』*Epistula Barnabae*

프톨레마이스의 시네시우스 『찬가』*Hymnus*

카이사리아의 에우세비우스 『교회사』*Historia ecclesiastica*

카이사리아의 에우세비우스 『연대기』*Chronicon*

『열두 사도들의 가르침』*Doctrina duodecim Apostolorum/Doctrina 12 Apostolorum/Didache*

오리게네스 『켈수스 반박』*Contra Celsum*

순교자 유스티누스 『둘째 호교론』*Apologia secunda sive brevior*

순교자 유스티누스 『유대인 트리폰과의 대화』*Dialogus cum Tryphone Iudaeo*

클레멘스 『교육자』*Paedagogus*

클레멘스 『(이교인들을 위한) 권고』*Protrepticus/cohortatio ad gentes*

클레멘스 『양탄자』*Stromata*

클레멘스『어떤 부자가 구원받는가?』*Quis dives salvetur*

클레멘스『예언 발췌집』*Eclogae propheticae*

클레멘스『테오도투스 작품 발췌』*Excerpta e Theodoto*

로마의 클레멘스『코린토 신자들에게 보낸 편지』*Epistula ad Corinthios*

테르툴리아누스『마르키온 반박』*Adversus Marcionem*

테르툴리아누스『인내』*De patientia*

포티우스『저서 평론』*Bibiliotheke/Μυριόβιβλος*

폴리카르푸스『필리피 신자들에게 보낸 편지』*Epistula ad Philippenses*

필론『모세의 생애』*De vita Moysis*

필론『카인의 후손』*De posteritatae Caini*

헤르마스『목자』*Pastor*

히에로니무스『마태오 복음 주해』*Commentarii in Evangelium Matthaei/In evangelium Matthaei commentarii*

히에로니무스『명인록』*De viris illustribus*

히에로니무스『요비니아누스 반박』*Adversus Iovinianum*

히에로니무스『편지』*Epistula*

주제어 색인

가난한 이 21 31 40 44 88 97-8 100 116-7
구원 15-23 25-6 28-9 31-2 34 37-8 40-7 49-51 53-7 59 63 65-8 70-3 78 80 82-8 94 97-9 101-6 109 111-4 116-9
구원에 이르는 뛰어난 길 72 88 113
구원자의 위대함 25 86
그레고리우스(나지안주스의) 125 133
그리스도 19 25 27 51-2 60 79-80 82 84-8 98 105-6 113-5
그리스도 사랑 88 114-5
그리스도교 가르침 105 107
기도 16 67-8 78 82 85 100 102 117 125

낙타와 바늘귀 17 21 55 87 103

데모크리토스(아브데라의) 31 123
도미티아누스(황제) 126
디오게네스 라에르티우스 123-4

디오니시우스 127

막시무스(고백자) 126-7
문자적 의미 122
믿음 19 26 40-1 49 59 65 68 72 97-8 131

보답 사상 100 116
부자 청년 26 85 87 103-4 106
부자들의 오해 102

사랑 18-9 21 25 27 30 41 48-50 52 56-60 63 65-8 70-3 88 99 104 113-9
선행 16 58 66 88 102 107 109-10 115-7
선행의 보상 88
세네카 109-10 131
셉티미우스 세베루스(황제) 93 95
소유물 30 32 34-43 45 47 51 53 55-6 63 67 86 98 106-8 111-2 120
스토아학파 91 94 109-12 122-3

125 129
시네시우스(프톨레마이스의) 126 133

아낙사고라스(클라조메나이의) 31 123
아리스토텔레스 109-10 131
아테나고라스 91
아파테이아 111
알렉산더 96
알렉산드리아 91-5 101 104-5 119
앎/인식 86 102
에비온파 97 129
에우세비우스(카이사리아의) 93 95 121 126-9 132-3
에피파니우스(살라미스의) 128
영성 97-8 116
영원한 벌 66 115 132
영원한 생명 16 20 24-7 29-30 43-5 53 55 83-4 87-8 102 105-6 116 119 131
영적 의미 87 103 111 122
영혼의 열망 32 35-6 106-8 112 131
오리게네스 93 96
완전함 28 47 105
요한(사도) 52 62 71 78 80-3 88 92 118 126
요한(에페소의 장로) 126

요한 크리소스토무스 127
우의적 의미 103
유스티누스(순교자) 91
육적 22 43 49 103-4
율법 25-8 44 58-9 86 94 105-6 115 122
이웃 사랑 88 115
인내 65 118

자유의지 28 86 108 122
재물 19 21-2 30 32-3 35 37 54-6 62 73 86 99 104 106-9 112-4 118-9 123 125
재산 31-2 34-6 38 54 63 98-9 106-8 123
절망 17-8 20 30 45 52 73 103 118-9
죽음 25 37 49-50 53 55 67 74 82 105 109 130

참회 73 83 88 97 118-9 127

콤모두스(황제) 95
크라테스 31 123-4
클레멘스(로마의) 127 134
클레멘스(알렉산드리아의) 91-6 101-29 131-2
키케로 109 131

타티아누스 91

판타이누스 91-3 96 128
폴리카르푸스(스미르나의) 125
플라톤 92 94 121-4

하느님 사랑 19 88 114
하느님의 친구 88 115 117
하늘 나라/하느님 나라 17-8 21
    23 38-40 43 46-7 51 55 60
    62 64 83 87 103
하늘의 보상 115
하드리아누스(황제) 130
헤게시푸스 91
헤라클라스 127
헤르마스 97-100 136
회개 74-6 78 82-3 88 118-9
희망 18-20 30 40 45 56 59
    71-3 78 80 82 103 115
    118-9

성경 색인

■ 구약

창세
1,26 **69**
3,19 **39**

탈출
34,6 **74**

시편
7,10 **78**
86,15 **74**

지혜
3,11 **75**

이사
1,18 **74**
58,7 **34**

예레
17,10 **78**

에제
18,21-24 **76**
23 **74**
33,10-20 **126**
20 **126**

다니
3장 **78**

요나
2장 **78**

■ 신약

마태
3,10 **59**
12 **70**
4,18-22 **52**
5,3 **38 40**
6 **40**
8 **38 43**

13 **69**
14 **69**
25 **76**
29-30 **51**
39 **41**
44 **48**
48 **15**
6,20 **33**
21 **39**
7,1-2 **125**
7 **28**
11 **74**
14 **55**
21 **60**
8,22 **50**
9,9-10 **33**
13 **74**
10,22 **65**
39 **51**
40 **61**
41-42 **62**
42 **62**
11,11 **62**
12 **46 84**
25 **62**
27 **25**
12,7 **74**
35 **39**
50 **27**
13,16-17 **60**

22 **30**
38 **23**
44 **39**
16,25 **51**
17,27 **47**
18,10 **62**
19,16-30 **122**
17 **15**
21 **28 30 36 44 86**
24 **17 55**
23,9 **50**
12 **16**
15 **64**
24,31 **126**
25,34-40 **61**
35-43 **33**
35-46 **34**
40 **115**
41-45 **61**
26,75 **82**

마르
2,7 **74**
14-15 **33**
4,19 **30**
8,35 **51**
9,43 **51**
45 **51**
47 **51**
10,17 **85**

성경 색인

17-31　**22 85 121**
18　**15**
20　**26 28 87**
21　**28 30 36 38 44**
22　**44**
23　**40 44 103**
24　**62**
25　**17 55 85**
26　**45 87**
27　**17 44 46 87**
28　**47 87**
29-30　**48**
30　**51 53 87**
31　**53 87**
12,30　**56**
13,13　**65**

루카
3,9　**59**
5,21　**74**
　27-29　**33**
6,27　**48**
　29　**41**
　30　**63**
　35　**48**
　37-38　**125**
　45　**39**
　46　**60**
7,28　**62**
8,14　**30**

9,60　**50**
　62　**75**
10,16　**61**
　20　**47**
　27　**57 59-60**
　30-37　**124**
　31　**125**
　38-42　**29**
11,8　**84**
　9　**28**
　13　**74**
12,4　**62**
　32　**62**
　34　**39**
　58　**76**
14,11　**16**
　26　**48 51**
　33　**36**
15,7　**74**
　10　**74**
　23-24　**73**
16,9　**33 63 65**
17,3-4　**74**
　33　**51**
18,14　**16**
　18-30　**122**
　19　**15**
　22　**28**
　25　**17 55**
19,5-6　**33**

8 **76**
9 **34**
22,62 **82**

요한
1,17 **25**
 18 **70**
5,26 **24**
6,50-51 **50**
9,34 **73**
10,28 **32 49**
13,1 **71**
 17 **60**
 34 **71 113**
14,6 **38**
 8-9 **50**
 15 **60**
 23 **60**
15,5-6 **72**
 13 **71**
 14-15 **62**
17,2 **24**
 3 **24**
21,5 **62**

사도
1,17 **127**
4,32 **63**

로마
1,17 **26**
5,4 **53**
7,12 **27**
8,14-17 **27**
 17 **70**
 19-21 **60**
10,3 **30**
 4 **27**
11,36 **15 57**
13,10 **27**
14,9 **84**
16,27 **127**

1코린
1,24 **18**
2,9 **50**
3,13 **53**
 17 **41**
7,9 **76**
 29-31 **44**
9,25 **19**
11,25 **19**
12,31 **72**
13,4 **72**
 5 **72**
 6-8 **72**
 13 **19 41 59 72**

성경 색인

2코린
1,3 **74**
4,7 **67**
18 **53**
5,17 **31**
19 **74**
9,6 **63**
7 **63**
12,4 **50**

갈라
2,21 **26**
3,24 **27**
6,7 **78**
15 **31**

에페
2,1 **124**
3 **124**
3,10 **59**
21 **127**
4,28 **76**
6,12 **59**

필리
2,8 **26**
14 **63**
3,14 **16**

콜로
1,15 **31**

1테살
5,23 **131**

1티모
1,2 **70**
17 **69 127**
6,19 **25**

2티모
4,6 **126**

티토
1,4 **70**

히브
1,14 **59**
3,5-6 **25**
4,12 **78**
12,22 **125**
23 **47**
13,17 **77 82**

야고
5,11 **74**

1베드
1,3 **49**

  8 **69**
 12 **50 124**
4,7 **75**
  8 **72**
 12 **53**

2베드
3,10 **70**

1요한
3,15 **71**
4,8 **70**
 16 **70**
 18 **72**
 19 **57**

묵시
2,23 **78**

성경 색인

하성수

가톨릭대학교를 졸업한 뒤, 독일 프라이부르크 대학교에서 교부학 전공으로 신학 박사학위를 받았다. 현재 한국교부학연구회 선임연구원으로 일하면서 수원가톨릭대학교와 서강대학교 신학대학원, 수도자신학원에서 교부학과 교회사를 가르치고 있다. 폴리카르푸스의 『편지와 순교록』(분도출판사 2000), 드롭너의 『교부학』(분도출판사 2001), 헤르마스의 『목자』(분도출판사 2002), 다스만의 『교회사 I』(분도출판사 2007), 『교부들의 성경 주해 — 창세기 1-11장』(분도출판사 2008), 『고대교회사 개론』(가톨릭출판사 2008), 다스만의 『교회사 II/1』(분도출판사 2013), 『교부들의 성경 주해 — 요한 복음서 11-20장』(분도출판사 2013), 오리게네스의 『원리론』(아카넷 2014, 공역주), 다스만의 『교회사 II/2』(분도출판사 2016), 『교부들의 가르침에 나타난 자비』(『하느님 아버지처럼 자비로이』한국천주교주교회의 2016, 공역) 등을 우리말로 옮기고, 『그리스어 문법』(분도출판사 2005, 공저)과 『내가 사랑한 교부들』(분도출판사 2005), 『교부학 인명 · 지명 용례집』(분도출판사 2008), 『교부 문헌 용례집』(수원가톨릭대학교출판부 2014, 공저), 『교부들에게 배우는 삶의 지혜』(분도출판사 2017, 공저)를 엮어 펴냈다.

배진형(글라라) 님이 한국교부학연구회에 이 책의 출간 재정을 지원하였음을 밝힙니다.

[그리스도교 신앙 원천 간행위원]
강창헌 · 김세빈 · 김현 · 김현웅 · 노성기(위원장) · 안봉환 · 오학준
장재명 · 정학근 · 최원오 · 하성수 · 한창용 · 황인수